走进著名大学

深圳中学学子成长足迹(2017)

主　编　朱华伟
组　编　深圳中学

中国人民大学出版社
·北京·

致　谢

　　感谢可爱的学生们，让我们以青春为伴，与理想同行。

　　感谢全体深中人，我们勠力同心，砥砺前行，共筑教育梦。

　　感谢所有关心和支持深中发展的领导、家长、校友、教育同人以及社会各界人士，让我们充满了价值感和使命感。

深圳中学

文化印记

办学定位	建设中国特色世界一流高中
培养目标	培养具有中华底蕴与国际视野的拔尖创新人才
深中精神	追求卓越　敢为人先

校	训	团结　进取　求实　创新
校	风	主动发展　共同成长　不断超越
教	风	敬业爱生　言传身教
学	风	尊师守纪　勤学多思

编委会名单

主　编

朱华伟

编　委

邢向钊	王东文	宋德意	高　青
韩晓宏	徐丽琼	刘斌直	郝　煜
刘素杰	鄢志俊	姚　亮	汪　健
刘　岩	刘　锋	刘晓慧	彭　凯

序 言

深圳中学作为深圳市基础教育的"领头羊"学校、全国课程改革样板校,"建设中国特色世界一流高中,培养具有中华底蕴与国际视野的拔尖创新人才"是其主动选择和承担的教育使命。转眼间,深圳中学走过了七十载的光辉历程。七十年薪火相传,七十年弦歌不辍。自1947年建校以来,深圳中学累计为国家培养了约四万名初中、高中毕业生,"丹心似火育得桃李满天下,美德如玉教得学子尽乾坤。"

莘莘学子梦,浓浓深中情。深中人对母校总有着一份特殊的情结,一种至真至纯的依恋。有人说这是一个"可以看到更大世界的地方";有人说这是一个"没有权威,但要尊重师长的地方";有人说这"可能是你待过的同伴质量最高的地方"。在这本书中,这些今年刚刚毕业的深中学子大多谈到了他们当初选择深中的理由,谈到了他们心目中母校的样子,以及他们在深中三年发生的种种变化……他们无一例外地都为"深中人"这个身份感到万分自豪。即便是刚刚走出校门,他们也已然感受到对母校的依依不舍和深切眷恋。

十年寒窗苦,一朝天下闻。在2016—2017学年中,深中学子在海外录取、国内高考、国内外各类竞赛方面,凯歌高奏、再创辉煌。他们中的很多人都实现了"从深圳中学走向国内外名校"的梦想。这些骄人成绩的背后是他们独特的学习态度和生活哲学。例如,同时拿到哈佛和耶鲁两大名校录取通知书的邵卓涵同学不仅成绩优异,而且温和谦逊、有领导力,被同学们称为"学霸""邵神"。他将自己的学习经验及申请学校的心路历程分享给了每一个需要的人。2017年深圳文科状元、挺进全省前十的唐灵聪不仅有文的灵气,还有理的聪敏。他既擅文辞,又长逻辑,给学弟学妹们整理了一份近两万字的地理学习材料，是名副其实的文理兼备的学习型人才。

这本书中收录的故事还有很多，它们都来自深圳中学2017届优秀毕业生，这届毕业生是深圳中学最年轻的一届校友，他们的发展代表着深中的最新成就。他们用自己的故事为三年的青春生活留下印记，将那些欢笑流泪、拼搏奋斗的日子在深中定格。在母校七十岁生日之际，他们用这种特殊的方式献礼深中七十华诞。

读罢此书，掩卷而叹：这是一群个性鲜明的深中人，这是一群追求自我的逐梦者。他们让我们得到一个共识：优秀没有标准答案，卓越没有固定模板，每个人都有自己的无限可能；他们也让我们看到：从晒布到世界，深中人的脚步从未停止！

一本图书，几段故事；一段故事，几多回忆。一个个鲜活、生动的成长故事，不仅让大众从个体的层面上更加深刻地理解深圳中学拔尖创新人才培养的理念是如何实践的，更是向社会展示了深圳中学七十年历史积淀及独特的校园文化和精神品格。我们衷心希望，这些宝贵的经验能够成为更多学子成长路上的指路明灯，对更多学生的发展起到一定的引导和启示作用，也期待未来有更多的人能够续写辉煌！

朱华伟

2017年7月于深圳中学成美楼

前　言

成书缘起

2017年4月，深中学生在海外大学录取方面成绩斐然，多位学生被哈佛大学、芝加哥大学、耶鲁大学、哥伦比亚大学、斯坦福大学等名校录取，深中学生在常春藤盟校、美国排名前10、美国排名前20、美国排名前30以及世界各地的顶尖名校如牛津大学、剑桥大学等各个维度的录取率都有历史性突破。

面对如此辉煌的成绩，我们萌发了采访一些优秀学子的想法，希望这些优秀学子的成长经历能够给予更多学生以启发。通过班主任的推荐，我们联系了部分学生进行深度采访，并将文章在深圳中学的官方微信公众号（微信号：szzxgfwx）上进行了推送，这些文章推出后受到了很高的关注，很多家长、学生反映收获很大，同时，也有更多的学生表示非常愿意分享自己的成长经历。

后来朱华伟校长建议，扩大采访学生的范围，征集更多学生的案例，结集出版，并为本书命名《走进著名大学：深圳中学学子成长足迹（2017）》，为深中建校70周年献礼，同时提出学校以后每年都会出版一本，作为毕业学生的纪念，传承深中文化。

此后，我们面向2017届所有的毕业生发出了征稿通知，朱华伟校长也亲自给高三高考方向的学生做动员，最终我们采访的学生范围不断扩大：既有出国方向的学生，也有高考方向的学生；既有全面发展的学生，也有在某个方面表现突出的学生。我们希望这些丰富的成长经历展现出孩子们多元发展的可能，每个人都有自己的优势，每个人都可以找到适合自己的发展路径。

《走进著名大学：深圳中学学子成长足迹（2017）》最终收录了52篇2017届高三优秀毕业生的文章，这些文章真实再现了他们在深圳中学的学习与生活，内容涉及学习经验、社团活动、师生情谊、校园文化、学校选择、家庭教育、自我探索、未来规划等。

篇章结构

根据学生文章中所叙述的核心议题，我们将本书分为3个篇章，每个篇章都集中呈现了学生们的亲身经历与感悟，在这些生动翔实、娓娓道来的故事中，我们也会感同身受，在其中照见了过去、现在或未来的自己。

第一章　自我探索篇——海外名校青睐之因

古希腊奥林匹斯山上的德尔斐神殿里有一块石碑，上面写着"认识你自己"。苏格拉底将其作为自己哲学原则的宣言。经典的人生问题：我是谁？我在哪里？我要到哪里去？我该怎么到那里去？这些问题的思考对于青少年未来的人生规划有着非常重要的作用。但是认识自己并非易事，也许我们每天埋头苦干，陷入一堆琐事中，却从未真正审视过自己内心的需要，审视过自己的经历有着怎样的关联，只因"身在此山中，云深不知处"。在本章中，同学们为我们呈现了他们申请海外名校的经历和感悟，他们有的在活动与社团中探索个人发展的无限可能，有的在抉择和改变中感悟道："在深中的三年难免有见证'高手如云'时的自我怀疑，但是希望大家永远不要活在他人的期望或是阴影之下。每个人都有自己独一无二的闪光点，无须慕艳，无须多言。"有的在不断尝试中发现了对电影的坚持……教育的本质就是帮助学生发现潜能，发挥潜能，成为最好的自己。

第二章　学习经验篇——深中学习成长之获

孔子曰："学而不思则罔，思而不学则殆。"学习固然需要脚踏实地、勤奋努力，但是仅止于此只会事倍而功半，还需要讲究学习方法、技巧、兴趣、良好的心态。对于高中阶段的学生来说，学习的深度和广度都有所加深，同时他们面临着高考、海外大学申请的压力，如何高效学习、深度学习，怎样拥有良好的心态，是很多学生会遇到的困惑。这些文章涉及高考备考、海外大学申请、学科竞赛、心态调整、学习规划等方面的内容，文章中介绍的经验，有的会让你发现原来最朴素的道理在行动中会爆发强大的能量，有的又会给你带来耳目一新之感。他人的经验，当真正内化于自己时，也许会带来事半功倍的效果。

第三章　校园生活篇——缤纷生活深中之情

很多同学在各种场合都提道："深中的生活太精彩，以至于怎么过都是浪费。"难忘的晒布岭，难忘的凤凰木，难忘的军训，难忘的社团，难忘的考试，难忘的社会实践，难忘的心智训练，难忘的"校长杯"，难忘的游园会，难忘的校园十大歌手比赛，难忘的国内外学术活动……同学们用饱含深情的文字、细腻而朴实的故事为三年的青春生活作注脚，将那些欢笑流泪、拼搏奋斗的日子在深中定格。在这里，凤凰木下的追梦少年写下了"晒布怀想"，写下了"青春物语"，写下了烦恼与幸运。

学术价值

深圳中学作为以深圳这座城市命名的中学，一直坚持追求卓越、敢为人先的精神，紧紧追随国家尤其是深圳的前进步伐，在课程改革、拔尖创新人才培养、国际教育、艺术教育、科技教育、校园文化建设、服务社会等方面做了大量的探索实践，成为深圳教育的窗口和文化名片。

学校提出"建设中国特色世界一流高中"的办学目标，积极探索拔尖创新人才的培养模式。经过深中人的不懈努力，学校各项事业蓬勃发展，稳步迈上新台阶。学校在课程建设、德育工作、学科竞赛、升学录取、艺体发展等方面表现卓著、亮点纷呈，在党建工作、教师队伍建设、校园建设、后勤保障、开放合作等方面成绩显著、可圈可点。

成绩的背后，很多人不禁要问：在办学目标的指引下，深圳中学究竟是如何探索与实践的，有没有可供借鉴的举措和经验？深圳中学的学生如此优秀，他们究竟是如何规划和学习的，家庭教育方面有什么特别之处？深圳中学的学生特质如此鲜明，他们是在怎样的校园文化的熏陶下成长起来的？……

面对诸如此类的问题，也许在本书中能够找到答案。本书收录了来自深圳中学2017届51位优秀毕业生的成长故事，在一个个鲜活、生动的成长故

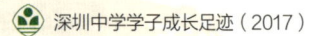

事中，我们能够从微观视角更加深刻地理解深圳中学拔尖创新人才培养的理念是如何实践的，也能更真切地感受到深圳中学七十年的历史积淀、校园文化和精神品格。我们衷心希望，这些宝贵的经验能够为更多的学子带来启发和借鉴，希望有更多的人能够续写辉煌，更上一层楼。

主要特色

　　本书中的每一篇文章都由学生个人介绍、评语、人物采访或学生个人自述三部分构成，结构统一规范，图文并茂，可读性强。

　　学生个人介绍部分让我们看到的是学生眼中的自己，评语则是从他人的角度做出评价，人物采访或学生个人自述部分是书写学生们各自的经历。文章的写作风格是"以我手写我心"，感情真挚，故事具体生动，对于家长和学生群体来说，更容易阅读和认同；对于教育管理者和教育研究者来说，是分析和研究的第一手资料。

目 录

★ **第一章　自我探索篇——海外名校青睐之因**

2　深中学子｜邵卓涵：十问"邵神"

7　深中学子｜钱与恺：身边同学兴趣之广、研究之深常常令我震惊

12　深中学子｜韦俣兮：我的宾大之路

18　深中学子｜李公棋：做最想成为的自己

22　深中学子｜陈雪儿：同时被国外12所名校录取的秘密

26　深中学子｜刘建乐：谁说艺术生不能学工程

30　深中学子｜夏雨菲：科学与人文让我思维更开阔

37　深中学子｜王　珏：不要轻易否定自己没尝试过的东西

41　深中学子｜李嘉雯：坚持你的梦想，不要随波逐流

47　深中学子｜任恩墨：一个"机器人竞赛控"女生的成长史

52　深中学子｜钟嘉桢：用8封"情书"俘获国外名校"芳心"

57　深中学子｜黄铭熙：珍惜在学校的每一天

62　深中学子｜庄承瑾：街舞女孩的电影梦

68　深中学子｜邓自宇：巧手调素琴，壮志欲安邦

73　深中学子｜杨若琳：学术与艺术，从来不是分岔路口

80　深中学子｜吴曼宁：努力探索独一无二的人生

85　深中学子｜赵　轩：AP International Diploma（AP国际文凭）获得者的成长史

89	深中学子｜花轶轩：	为未来努力并快乐着
93	深中学子｜张馨月：	学长团的时光最难忘
100	深中学子｜石俊杰：	明白自己想要的未来
103	深中学子｜万力铭：	每个人都有独一无二的闪光点
110	深中学子｜余钰琳：	深中就像一个小小的纷繁世界
116	深中学子｜蔡韡婧：	一个探索无限可能性的随性女生
121	深中学子｜尹文蒂：	深中教会我认识每个人身上的闪光点
126	深中学子｜张嘉文：	不怕麻烦，勇于有目的性地尝试
131	深中学子｜麦靖彤：	美式辩论深圳冠军，最遗憾没能参加高考

★ 第二章　学习经验篇——深中学习成长之获

138	深中学子｜唐灵聪：	高考冲入全省前十的他，分享一份两万字的学习材料
157	深中学子｜陈景舒：	从海量知识中品味学科美感
160	深中学子｜梁雅诗：	成绩坐过"过山车"，最后也能"翻盘"
163	深中学子｜张若禹：	备战高考，最重要的不是题海战术
166	深中学子｜王旭阳：	我的深中三年
169	深中学子｜宁心怡：	联考年级200名，高考逆袭进清华的华丽蜕变
177	深中学子｜黄炜琳：	梦想并不会因为挫折变得黯淡
180	深中学子｜杨一帆：	趁年轻，多读点书
184	深中学子｜李昊璋 李明璋：	同时被上海交通大学录取的双胞胎，学习经验却大不相同
190	深中学子｜姚天希：	被清华录取的"模联秘书长"

195	深中学子｜李诗瑶：	深中没有让我忘记蓝天与星空
199	深中学子｜谢文皓：	清华降30分录取的阳光男孩，他说高考是"团体赛"

★ 第三章 校园生活篇——缤纷生活深中之情

204	深中学子｜邵卓涵：	深中为我们提供了探索不同可能性的平台
209	深中学子｜马筱源：	从懵懂少年到芝加哥大学准留学生，我在深中经历了什么
212	深中学子｜刘尚科：	在选择中收获与成长
217	深中学子｜房存龄：	深中是梦想开始的地方
220	深中学子｜李　楠：	深中是我火热的青春
225	深中学子｜尚思彤：	文艺才女上线，诗意长文忆高中
228	深中学子｜黄海依：	和深中在一起的一千个日夜
231	深中学子｜赵斯妤：	普通的我们在一起成为特别的深中
235	深中学子｜刘小为：	向着目标奋力划向彼岸
239	深中学子｜刘博文：	渴望用艺术创作填满的生活
244	深中学子｜谭佳璇：	凤凰花开深中情
248	深中学子｜毛振婷：	酝酿青春，我们即是深中
252	深中学子｜陈丽如：	凤凰开落，枝叶长青
256	深中学子｜邱嘉琳：	致我大深中的一封"家书"

第一章
自我探索篇
——海外名校青睐之因

深中学子｜邵卓涵

十问"邵神"

邵卓涵，深圳中学第一位被哈佛大学录取的学生。"邵神"，温和谦逊，有领导力。

拥有诸多标签的他，今天只是你们的"学长"，想和你们分享些学习经验，还有想对你们说的话。

01

Q： 同时被两所国外名校录取，申请国外学校过程中有什么经验可以分享？

A： 我给大家的建议是，在申请学校时要尽早做规划，不管是时间上还是申请文书内容上。

最开始，由于担心自己的拖延症，我习惯给自己做时间规划，在写文书方面，就给自己提前做好了时间规划。

比如说，在规定的时间内，思考如何写内容，以及什么时间把文书写完，然后给自己留足够的时间去修改。一般都是每年11月提前申请、递交文书，但有的同学10月底还在写，没有留时间进行修改，也没有构思好文书内容，到最后又推翻重写。这样匆忙完成，最终效果必然不会太好。从一开始写文书就要认真规划，不能只是为了完成一个任务。

02

Q： 有什么实用的学习方法可以分享吗？

A： 其他学科我没有什么特别的经验，主要跟大家分享一下学习英语的经验。

学习英语要有浓厚的兴趣和大量的阅读。其实大多数人学习英语是为了考试，而我在初中时上了一些英语培训课后，深刻地感受到英语是用来沟通交流的工具，而不是考试的课程。

在学习英语的过程中，我读了很多英文书，因为从阅读中可以掌握英语的读写能力，发现语言的魅力，受到很多思想的启发。在阅读中发现词汇量不够的时候，我会主动去背单词，而不是为了考试被动地去背单词。同样是背，目的不一样，主动学习就更加有动力。

在写作上，我觉得首先要大量的阅读，然后再写作，如果没有大量的阅读作为基础，而是单纯地去学习一些写作技巧，是写不出好作文的。很多时候，大家还没有大量阅读就去写作，这其实是不科学的。

03

Q: 为什么选择加入"模联"（模拟联合国）社团？

A: 一开始是觉得"模联"很高大上，每当看到"模联"社团成员穿着西装、挂着联合国的旗搞活动时，就觉得很高端，很想加入。在高一下学期，我有幸加入了"模联"社团。

再者，我从小就对历史和时政感兴趣，进入学校后，了解到有很多喜欢时政的同学在一起，通过会议对历史上的一些重大事件进行模拟，可以加深我对时政、经济、社会等问题的认识。

04

Q: 在"模联"你有什么收获？

A: 在"模联"可以锻炼我的组织能力和团队协作能力。

因为在"模联"需要承担很多组织工作，我之前担任泛珠三角高中生模拟联合国大会英文委员会主席，要给我的组员分配工作，这期间我的组织、管理、协调等能力慢慢地得到了提升。"模联"是一个给我很多温暖的社团，学弟学妹可以踊跃参与。

05

Q: 社团工作多，学习压力也很大，如何分配二者的时间？

A: 一开始其实我也很担心，在社团上花的时间太多会影响学习。当时请教了很多优秀的学长学姐，他们以自身的经历告诉我一些经验。上一届的学长李泽远，他是去年广东省理科前十，也参加了"模联"，有时候事情会忙不过来，但是依然保持在荣誉体系排名第一的成绩，他给我分享了很多好的经验。

其实参加社团活动可以促进学习进步，首先要合理安排时间，提前预估

社团比较忙的时间段，把比较忙的时间段预留出来。然后将自己的课程及作业规划好，在学校考试和学习比较忙的时候，社团同学会帮我处理很多事情，等他们比较忙的时候我也会帮他们处理很多的事情，我们之间经常团队协作，互相配合。

学习成绩不好的原因，其实不是在社团上花太多的时间，而是自己没有一个很好的学习态度和学习方法。不能因为自己本身学习成绩不太好，就把原因归结于参加社团活动。

06

Q： 当初为什么选择来到深中？

A： 初一的时候，我和同学一起来参加深中的游园会，当时就感觉，深中和我之前见到的学校不一样。

这里有很多的学生社团，如"模联"、《涅槃周刊》等，同时这些社团都是由学生主导的，学生自行组织，这里的学生看起来非常有活力。比起传统的高中，深中能给学生很大程度的自由。深中的活力、开放和自由的氛围深深地吸引了我。除此之外，我在初三的时候有了明确的出国的想法，通过朋友了解到深中国际体系在深圳市是非常好的平台，主要就是这两个原因最后让我来到了深中。

07

Q： 高中三年，你眼中的深中有什么变化？

A： 深中改建之后，有了成美楼先锋剧场等，给我们提供了更好的硬件设施。

现在有很多新的学生社团成立，并且办得很成功，比如韦俣兮他们办的校园电视台。从2016级起，高考采用全国卷，学弟学妹们考试的压力肯定会更大，但是压力之下也需要有勇气去尝试不同的东西，深中给了我们一个很好的平台，要更有勇气去尝试。

08

Q: 在深中印象深刻的一个人是谁？

A: 国际体系的外教 Robert Fry，他对我影响比较大。

他是一个对教学很有热情的老师，他觉得自己身为老师，还需要不断学习，于是暑假去英国的一所大学继续进修。上课的时候给我们介绍了很多他喜欢的歌手，鼓励我们尝试新事物。

他非常喜欢文学并且做了一件很酷的事情。他读了乔治·奥威尔的《1984》后，去到作者的墓前，读了一段文字，还带了一片树叶回来，分享给我们看。他是一个有理想和情怀的人，对自己的爱好很执着。

我喜欢和他聊天，以前同学之间开玩笑说我们深中永远不会出一个被哈佛录取的学生，然后他说"Mike！"（我的英文名），他是一位很相信我的老师。

09

Q: 这三年有比较遗憾的事情吗？

A: 时间过得太快，我对自己的时间看得很重，喜欢用自己的思路规划时间。在深中，除了我体验过的生活之外，还有很多活动参与得不够。高一的时候因为太忙，错过了钥匙妹倒数（深圳中学的跨年倒数活动），后面两年都没有了。

希望学弟学妹多参与学生活动，尽量享受高中生活。深中给了我们很多的可能性，也有很多的选择，如果当初我选择了另外一条路，结果可能会很不一样，但是每一条路都需要自己走出来。

10

Q: 毕业之际，最想对学弟学妹们说的一句话是什么？

A: 把握当下，抓住每一天的时光，好好地规划生活，在深中活出精彩的每一天，不负青春！

第一章 自我探索篇——海外名校青睐之因

深中学子｜钱与恺

身边同学兴趣之广、研究之深常常令我震惊

钱与恺，被杜克大学、乔治亚理工学院等学校录取。

为人谦虚、诚恳。

从初中到高中，一直都在深中就读的钱与恺，对深中有着不一样的感情。六年时间过去了，在他心里，深中依然没变，在她的陪伴下，自己变得更加成熟、坚毅。对于成长路上的经历，看看作为学长的他怎么说。

Q：作为被世界名校录取的准留学生，请谈谈你的感受。在申请学校的时候有哪些经验跟大家分享？

A： 能被杜克大学和乔治亚理工学院这两所学校录取，我既意外又高兴，因为这两所学校去年在深中招生人数不多。3月12日，我接到乔治亚理工学院的录取通知的时候非常兴奋，觉得很有可能顺利拿到申请的大部分其他学校的通知。

可是我过于乐观，一份份以"Thank you for applying"开头的邮件让我的心情急转直下。所幸乔治亚理工学院的录取通知让我不至于心里没底。直到3月末，我几乎要放弃再接到录取通知的希望时，我惊喜地在杜克大学的申请页面看到了一个"Congratulations"。获得这所Top10大学的录取通知，将我此前的失落一扫而光，最终比较成功地完成了大学申请工作。

关于申请大学，我不敢说有什么经验，只能给一个建议，即便是给并不太感兴趣的学校写"Why essay"，也万万不可掉以轻心。

在我申请大学的时候，起初对于工程类专业排名高的学校很有兴趣，而对如杜克大学之类的综合性大学并无好感。但为了写好文书，在寻找杜克大学的有关信息时，我发现它有大学生方程式车队，地处常被人与硅谷相比较的北卡罗来纳州"研究三角园"，并不像我想象得那样与我的兴趣关联不密切。这些调查使我写出了一篇针对性强的"Why Duke"文书，也许这正是我能进入杜克大学的关键。

Q：当年为什么报考深中？她有什么特别吸引你的地方吗？

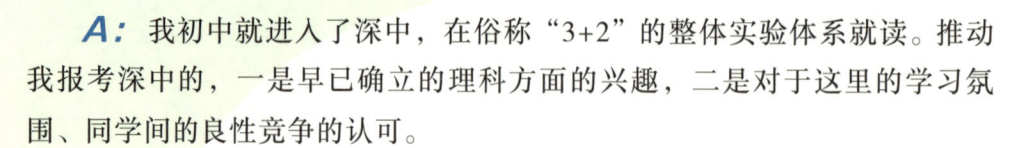

A： 我初中就进入了深中，在俗称"3+2"的整体实验体系就读。推动我报考深中的，一是早已确立的理科方面的兴趣，二是对于这里的学习氛围、同学间的良性竞争的认可。

"3+2"一直以从初中开始重视数学、科学教育并为学生搭建学科竞赛的平台著称，这里的学生在理科学习方面起步早、进取心强，当时的我正需要这样一个强手如林的环境来不断激励自己。事实证明，深中从"3+2"到荣誉体系都正如我所想象得那样，我在其中获益匪浅。

Q：高中三年过去了，你眼中的深中有什么变化？你认为深中最与众不同的特点是什么？

A：也许深中还是那个深中，只是我看她的角度有变化吧。高一入学，我立即投入物理竞赛中，深中物理竞赛小组强大的师资力量、培训资源和学生平均实力是我从高一到高二一直在感叹的。

但是从高二开始，随着我对深中理解的不断加深，我意识到身边的同学不仅仅是在竞赛上优秀。我既能与班上的数学竞赛"学霸"谈论音乐、美术、文史，震惊于他们对这些方面的研究之深，也能与物理竞赛的同学从最近发布的车型谈到语言学，听他们给我讲解阿拉伯语字母的变形。

到了高三，我因为申请美国大学结识了很多体系外的同学，愈加佩服他们在各自广泛的兴趣领域中的钻研精神。我意识到，这个环境可能正是依靠深中为每个学生提供自我提升的平台所营造的。这也就是我认为深中最与众不同的特点，它让深中能培养出多样性的人才。

Q：你感觉高中三年自己有什么大的变化？

A：最重要的改变是我对自己需要提升哪些方面的能力有了更清楚的认识。这既包括学术上的能力，也包括其他能力。从学术上讲，我意识到并不存在独立的学科。我所感兴趣的工程，正是物理学、化学、生物学等的综合应用。

我不应当仅仅以最初的兴趣为主要方向，而忽略其他学科的学习，因为跨学科的研究课题在未来将会越来越成为主流。而学术之外，我还意识到自己文史知识、艺术素养的不足。即便在理科生中，我的文学积累、社科知识和音乐、美术技能都比不上很多优秀的同学。

反省自己，我认为我的时间规划能力不够，同样是高中三年，别人学得比我要多很多。我已经开始着手培养自己的时间规划能力，将学习的关注点扩展到更多学科、更多方面。

Q: 你认为高中生如何实现全面发展，而不仅仅是应试？

A: 明白如何发展，才能实现发展。为了准备物理竞赛，高中大部分时间我没有在班上，而是自学。

这个过程中，我广泛接触了物理的延伸领域，包括其在工程学上的应用、工程制图技能等，将其与我一直以来对设计和机械结构的兴趣结合，我就明确了在业余时间应该学什么。利用网络，我搜索视频和文献资料，自学了平面设计、字体设计、3D建模等。

我认为，既然每个人的发展方式不同，"全面发展"的实现也就很大程度上依靠自己，自学能力很重要。

Q: 在深中，你最喜欢做的事情是什么？

A: 进行各种形式的讨论。从在班上以演讲形式分享读书笔记，到课间对上节课结束前正在研究的课题进行发散，再到在竞赛小组合力攻克难题。这些讨论不仅使我找到了看问题的新角度，有助于我在讨论结束后进一步思考，也帮助我锻炼了反应速度和表达能力。

另外，由于讨论常发生在多个同学之间，一旦话题进行发散，每个人会联想到自己所熟悉的内容，这就将一些平时看似关联不大的领域联系起来了。我能由此更多地发现所讨论问题背后的知识结构。

Q: 高中三年有没有让你印象深刻的事情？

A: 在高一的英语课上，老师要求分小组进行戏剧表演。本来要求15分钟表演一幕即可，我和几位同学却将整部《悲惨世界》音乐剧浓缩到50分钟并完整地表演出来。

排练耗时大半个学期，剧本写了十几页，加上配乐、准备道具等工作，我们不得不投入大量时间在这个并非强制要求的音乐剧中，然而我觉得很值得。

我们得到了老师、同学的好评，但对我来说，更重要的是我以这样充满诚意的方式参与并表达了对《悲惨世界》原作和音乐剧的致敬，亲自演绎了由囚徒变为圣人的冉阿让的坎坷一生。

Q：有没有比较遗憾的事情？

A： 没能坚持学习从初中开始入门的德语。我起初希望通过掌握多门语言，在工程领域了解更多国家的研究内容，并决定以德语作为一个起始。

遗憾的是，在高中因为竞赛中断德语学习之后再没有继续。希望在大学能抽出时间坚持下去。

Q：毕业之际，最想对学弟学妹们说的一句话是什么？

A： 如果能在高中发现自己的兴趣领域，就抓紧在深中的机会，深入钻研，因为你几乎能在这里找到任何方面的资源和有共同爱好的同学。

深中学子 | 韦俣兮

我的宾大之路

韦俣兮，被宾夕法尼亚大学、康奈尔大学等学校录取。
深中"校园电视台"创始人、学长团成员，同学们心中的热心班长，个子高高的阳光大男孩。

采访韦俣兮是在周五上午的自习课。他背着一个相机包、拎着一个三脚架过来，一边笑着和我们打招呼，一边解释说这些设备是借给同学拍片子的。一节课的采访过后我们也知道，这样一身行头其实不仅是他高中时候的真实写照，更表明了他申请大学时电影和传媒方向的选择。在这背后，他是怎样走出一条独特而又坎坷的道路的呢？

★ 一百八十度的转变——从想学医到热爱电影、传媒

谈到自己申请的电影和传媒方向，俣兮最先和我们分享的是他在高中期间兴趣发生转变的过程。他说，一个开放的心态和勇于尝试的决心有时胜过盲目前冲的热血，很多时候不喜欢只是因为不了解。

俣兮从初中到高中的很长一段时间都有做一名医生的梦想。他说："我有一个亲戚是医生，家里人有身体方面的问题都会问他，加之自己身体不好的时候妈妈特别着急，就想将来做一名医生，起码能帮助到自己的亲人。"

有了这样的想法，高一升高二的暑假他申请了美国杜克大学的夏校，第一志愿填了 Frontier Medicine（前沿医学），第二志愿也是生物类的学科。因为没想到会被排到第三志愿，所以就在这一栏填了20世纪初的美国文学，想着有机会感受一下本土文学也未尝不可。"没想到学校真的把我安排到美国文学。当时感觉非常意外，但也没有抵触，抱着体验的心态去参加了。现在回想起来，这一段经历也彻底改变了我的高中生活。倒不是说我想学文学了，而是意识到自己对生物的兴趣只是一个蒙蔽了自己相当长时间的表象，直到我开始尝试深入接触一些其他的学科领域。当我真正回忆并且问自己为什么会对生物感兴趣的时候，我发现这只是在身边人无形影响下的一个仓促决定，而我从来没有时间安静地思考我做出的以及将会做出的选择。"

对俣兮来说，许多时候自己说喜欢什么或者不喜欢什么只是因为缺乏了解，而带着开放的心态去尝试不同领域，是杜克大学的夏校带给他最宝贵的礼物。

俣兮将兴趣转变到电影、传媒，是一段坎坷漫长的过程。讲到这里，他在高一下学期发起并和同班九位同学共同创办的 ACES Studio（深圳中学校园电视台）就自然地进入了我们的对话。

★ 课外活动——兴趣至上、坚持为贵

和许多同学一样，刚进入深中时，俣兮一口气报了很多社团，但是为什么在高一下学期选择了全部退出转而自己创立社团，这中间也有一段有趣的故事。

"我们辛勤付出的回报有时不在当下。"

故事的起始是高一进校3个月后的2014年年末，俣兮作为班长，在班上发起了一个小项目——制作一个班级新年视频。没有想到的是，这个项目在无形之中奠定了他对影视的兴趣。"当时我们只是想做一个纪念过去、展望未来的视频。但是回过头来看，我结交了志同道合的朋友，真正投入去做了一件事情并享受了它的成果，即便是一个小小的成功。更重要的是，我发现了这是我的一个兴趣，所以我在次年五月就和那一群志同道合的朋友一起创办了深中校园电视台。"

对于这一段经历，俣兮深有感触。他说他最大的感悟是不要在高中快节奏、高压力的生活下功利地思考问题。他非常认同的是，"要相信你所做过的任何事情都是有价值的，因为重要的不是自己付出之后短时间内得到结果，而是自己在坚持付出之后，内心的体会、感受、成长。往往自己真正为之付出、为之努力过的东西，在长远的某个瞬间都会给我们一些回报，这个回报可能小、可能大，可能在高中时期，也可能在更远的未来"。

俣兮的兴趣也就在这个过程中慢慢被发掘，在懵懂中逐渐发展。遵从自己内心深处的兴趣，他在2015年年底和社团的同学义务制作了当时国际体系的官方宣传片，又在2016年和团队一起制作了微电影形式的深圳中学宣传片"你会有什么样的选择"。

回顾历时近4个月的深圳中学宣传片项目，他笑言那段时间过得非常疯狂，时常是每天中午、下午一放学就去和团队成员一起拍摄。"所以我也非常感谢社团里的其他同学，没有他们的支持和帮助，这些片子不可能做出来。"优秀的同伴资源也是深中在一开始就吸引俣兮的一大原因。

那段时间压力很大，别的同学都在准备标化考试，稳住GPA（平均学分绩点），俣兮却在到处乱跑。质疑自己的付出是经常的事情，好在他最后坚持了下来，和同学们一起完成了这个项目。他想要告诉学弟学妹，在深中这

样一个充满无限可能的平台上，每个人都可以定义自己独特的生活，而没有一份坚持下去的毅力，恐怕很难找到自己的方向。

在这种多样性的背后，无价的不仅是眼前的收获。比如在宣传片这个项目上，侯兮告诉我们，视频点击量的多少、评价的好坏并不是最重要的，更有价值的是他们作为一个团队能够给学校留下一些纪念。与此同时，他的沟通能力、创新意识、团队合作意识也在不断提升，这些能力和意识从长远看能带给人的帮助才是最宝贵的。

"高中三年印象最深刻的事情是什么？"

"印象最深的是做宣传片的时候，拍摄一个日落延时摄影镜头的过程。我们当时租了滑轨，因为设备比较贵重，怕丢，我们把滑轨在C栋5楼对着操场的平台放好之后，我一个人搬了一张凳子，晒着夕阳，一边看王后雄的《地理》学习资料，一边听着相机快门每7秒钟闪一次的'咔咔'声，度过了日落的两个小时。"

"那个时候最能够强烈地感受到'兴趣'带给我的驱动力，能够在那样一个看似平常的下午目睹这些美丽又独特的景象也正是我不断坚持的回报。"

"学长团的工作是一面镜子，照见了别人，也照见了我自己。"

侯兮在高二的时候只保留了两个主要的社团：一个是校园电视台，另一个是深中校内历史悠久的学生组织学长团。每年，这个由60个高二学生组成的学长团会从高一的入学前教育开始，和下一届学弟学妹之间形成纽带，在帮助他们适应高中生活的同时，纵向传递深中的文化。侯兮在学长团的工作，也是兴趣推动的结果。

"和很多人一样，我也是高一入学第一天就想要加入学长团了。我很希望和一批同学一起去正向地影响身边的人，帮助学弟学妹解决问题。"

这份工作非常耗时，有时也会带给他两个课外活动时间冲突的痛苦。纵然辛苦，兴趣背后的收获总是意外又让人感动的。

"对我来说，学长团的工作是一面镜子，我需要去关注一个班级，甚至更多的学弟学妹，关注他们独特的需求。我喜欢这样的过程。与此同时，它也让我认清了自己的性格特点以及不足。没有这份工作，我不可能知道自己可以时而极其幽默，时而极其严肃认真；我也不会这么直接地看到自己身上那些需要改变的缺点。"

"高中时期比较遗憾的事情是什么？"

"在学长团工作的时候没有尽到全力。我一直记得非常清楚，有一次，我去自己带的班送一个贺卡之类的东西，然后我问坐在门口的那个女生：'你知道××坐在哪里吗？'结果她就是××。我当时特别尴尬。"

"如果可以重来，我希望在学长团能够付出更多，从记住更多人的名字开始。（希望那个学妹能原谅我）"

★ 摆平心态——人生是长跑

提到自己的申请结果，侯兮经常说的词是"惊喜"。从刚入校时期被"群神"环绕的压力到最后能收获不错的结果，背后究竟有什么秘诀呢？

"深中国际的三年不是让我们跑得更快，而是后劲更足。"

"申请季的时候翻日记，我发现自己高一刚入学两周就'压力山大'了。当时家长的观点是，深中的学生来自深圳市的前百分之三，有如此辉煌的战绩，我的孩子进美国前二十不难吧？这其实无形之中给了我很大的压力。"

因此，侯兮说，焦虑其实在家长和学生群体中都非常常见。而在他看来，更重要的还是要问问自己为什么焦虑，是不是将冲进排名高的名校定为高中最终的目标？

"其实不应该是这样的。我也焦虑过，最后发现一位老师说得非常对，'人生是长跑，是马拉松，不是百米冲刺。'当我们能够静下心来，雕琢过程当中的每一个细节，放平心态，全力以赴地做好自己力所能及的事情时，结果自然不会差。"

有关看结果与看过程，侯兮也举了两个有趣的例子。在高二下学期的时候，他非常想拿一些视频作品参加影视比赛，希望能够在申请季时有所帮助。他关注一个比赛很久，最后却阴差阳错地错过了作品提交的截止日期。

而他没有报什么期望去参加全美数学竞赛（American Mathematics Competition，AMC），却取得了大大超出预期的成绩。

对此，他说："运气是一回事，但当我们过于功利地看待一些事情的时候，结果可能偏偏就不会来。"

在采访的最后，侯兮再次告诉我们，他非常感谢他的家长、同学和深中

这个平台。"家长和学校给了我自由发展的空间和足够的鼓励，而同学之间有合作、有竞争，也有帮助，非常感谢他们，他们代表了深中最大的魅力。"

"毕业之际，最想对学弟学妹们说些什么？"

"利用高中三年的时间去学习做自己，学习做真实的自己。高中只是我们人生中很短的一部分，我们在高中三年学习的不仅仅是知识，还有以后面对大学、面对社会、面对自己人生的能力。"

深中学子丨李公棋

做最想成为的自己

　　李公棋，被牛津大学、布朗大学等名校录取。
　　积极乐观、谦虚上进、不轻言放弃，从竞赛失败到成为梦寐以求的CPhO金牌得主，最后被理想中的牛津大学录取，他一直坚持做自己。

Q: 作为被世界名校录取的准留学生，请谈谈你的感受。在申请学校的时候有哪些经验跟大家分享？

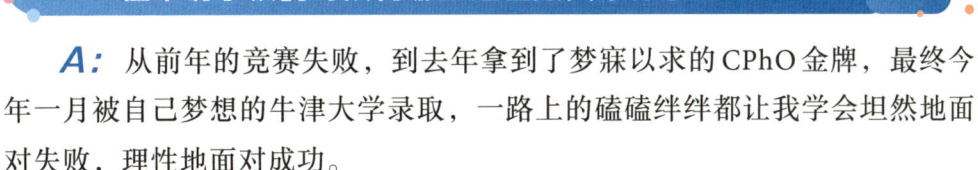

A: 从前年的竞赛失败，到去年拿到了梦寐以求的CPhO金牌，最终今年一月被自己梦想的牛津大学录取，一路上的磕磕绊绊都让我学会坦然地面对失败，理性地面对成功。

无论申请结果如何，生活还要继续。相比申请结果，我更看重高中三年的经历和申请学校的过程，这些都让我积累了宝贵的经验和教训。

谈到申请学校的经验，我认为对目标学校的调研十分重要，不能只是根据排名来选择自己梦想的学校。同为顶尖名校，学校的风格、教学氛围、学生气质都千差万别。常春藤之间如此，英美大学之间的差异更为明显。

比如，在真正系统地了解布朗大学前，其浪漫主义和理想主义气息对我而言都仅仅是空洞的词条，只有在交流后才真正感受到其魅力。

在去牛津大学参加面试前，我对牛津大学的印象仅仅停留于古朴华美的建筑和高工作强度的学术研究风气，而对其别具一格的导师制及给予学生的极大自由一无所知。总而言之，在申请前一定要对学校有充分的了解。

Q: 当年为什么报考深中，她有什么特别吸引你的地方？

A: 深中在深圳的名气和自由宽松的学习环境吸引了我，所以当初坚定地报考了这所学校。现在回想起来，真是庆幸当时的选择。

跟大多数传统的名校不一样，深中有较为宽松的管理环境和自由的学习氛围以及超强包容性的校园文化。每个刚进入深中的学生都可以有足够多的渠道去尝试各种各样的社团，从而寻找自己的兴趣。在深中，我得以充分发掘自己在数理方面的兴趣，并不断扩充研究的深度和广度，因此我很感谢深圳中学给了我深入了解和提升自己的机会。

Q: 三年过去了，你眼中的深中有什么变化？你认为深中最与众不同的特点是什么？

A: 我曾经有机会与许多全国其他顶尖名校的师生交谈，得到的结论是深中是一所非常具有创新精神的学校。相比老牌传统顶尖高中相对固定的输出尖子生的模式，深中勇于探索很多新的教育模式，比如引进很多在大学里才有的制度与理念。

深中的创新精神与学校有一群优秀而且有活力的老师是分不开的。比如我的班主任姚亮老师，针对我们班同学既要参加高考又要准备竞赛，还有部分同学希望去香港地区和国外读书的复杂情况，分别给了每位同学具有针对性的建议。

Q：你感觉这三年自己有什么大的变化？

A： 自己的眼界开阔了很多，刚来深中发现身边有一帮被称为"学霸""学神"的同学，一开始还挺受打击，当与他们真正在一起共同学习后，发现这些同学不仅全面发展，各项能力都很强，而且乐于帮助别人，最终他们成了我学习的榜样。

后来在参加耶鲁全球青年学者项目，还有在国家集训队的时候，我又见到了另一批有丰富人生阅历的同学，让我眼界开阔了，看待问题更加全面了，认识到人外有人、天外有天，因此能更加坦然地面对以后的合作与竞争。

此外，自己的兴趣面宽广了很多。我发现深刻理解某一个领域是培养这方面兴趣的最快捷的途径。相比全力准备中考的初中阶段，高中阶段的我得以有充足的时间和精力完成在各个领域的深度学习，从而培养各个方面的兴趣。经历了这一过程，相信未来我无论是投身于人文社科、自然科学还是其他方面的工作，都能抱有浓厚的兴趣与饱满的热情。

Q：高中生如何实现全面发展，而不仅仅是应试？

A： 在我身边有很多人在保持成绩出众的同时，也在社团、社会活动、各种比赛中取得了很大收获，比如大家熟悉的李泽远学长，主要原因就是他们高效地完成了课内任务，从而有空余时间去实现全面发展。

为提升学习效率，独立学习的习惯至关重要。在高中，我通过自学完成了大部分竞赛以及出国相关知识的学习。在这一过程中，我渐渐养成了一些高效的自学习惯。

比如，在几个月前涉入张量分析这个之前相对陌生的知识领域时，我惊讶地发现我会不自觉地在脑海中构造新知识体系的主线逻辑，并寻找和以往知识体系的关联点，比如张量和矩阵的关系，矢量分析和张量分析的类比，

张量对于传统上我们熟知的某些概念（例如散度和旋度）的意义的拓宽，等等。这些思维习惯的养成有利于我们迅速把握一门学科的核心，从而提高效率。

Q：在深中，你最喜欢做的事情是什么？

A： 应该是认识各种各样的人，我非常庆幸能在深中遇到很多非常有见地、有理想、富有激情的同龄人。我也更高兴深中给了我去省外交流的机会，这不仅拓宽了我的视野，还让我习得了许多宝贵的品质。比如同班的齐文轩同学非常具有批判性思维能力，对很多问题的分析一针见血；同竞赛小组的黄励勤、钱与恺、邓熙涵的逻辑思维能力很强，我从他们那里习得了很多看待问题的视角与分析问题的方法。

我认识邵卓涵同学还不到半年，就已经被他谦和的领袖魅力所感染。夏商周、马名蔚等学长更是给了我很多关于出国申请、学校选择等多方面的建议。在获益匪浅的同时，我也被他们思考的深度所折服。这些既有趣又优秀的同学，是我高中三年收获的最大一笔财富。

Q：这三年有没有比较遗憾的事情？

A： 高一的时候学校组织去过一次湖南长沙的毛泽东与第一师范纪念馆，当时年少无知，觉得纪念馆没什么好看的，就没把参观当回事，靠打牌娱乐消磨时间。后来因为各种原因又去了江西吉安的井冈山革命根据地、湖北武汉的辛亥革命武昌起义纪念馆以及广东广州的黄埔军校旧址纪念馆，突然觉得应该珍惜学校之前组织的这些活动，祖国发展到今天真不容易。

以后大部分时间可能都在国外，在最富有激情的年华没有意识到这些算是我最大的遗憾了。

Q：毕业之际，最想对学弟学妹们说的一句话是什么？

A： 不要在意旁人的目光，做自己最想成为的自己！

深中学子 | 陈雪儿

同时被国外12所名校录取的秘密

　　陈雪儿,被剑桥大学、哥伦比亚大学、康奈尔大学、鲍登学院、范德堡大学等12所世界顶尖名校同时录取。

　　这是一个非常特别的学生,好奇、聪明、悟性高,喜欢挑战,良好的学习与运动习惯使她精力充沛、专注高效,不断获取的成就感使她不知疲倦地在多种活动中切换、探索,享受学习,对数理、人文领域都有浓厚的兴趣,善于思考与发现并乐在其中。

第一章 自我探索篇——海外名校青睐之因

Q: 同时被12所名校录取,有什么学习经验可以分享吗?

A: 比起学校其他"学霸",我其实没有什么特别的学习经验,但是在学习语言上可以给大家一点建议。

学语言不要太注重应试,其实学习语言的最终目的是沟通交流。多用学习的语言进行沟通,才能学以致用。

Q: 大学会比较倾向于选择什么专业?

A: 我个人会比较倾向于社会科学相关的专业,因为在参加耶鲁全球青年学者项目的时候,接触到了国际关系这个学科,自己从那时候就非常喜欢。

Q: 在深中三年参加过社团吗? 社团给你带来了什么收获?

A: 我初中学过三年法语,刚进深中时,那时候没有法语社,我想这么美丽的语言和文化,还有美食,我一定要介绍给同学们,于是高一的时候,就自己创建了一个社团,然后一直到高二都在担任社长。

因为我是第一次创建社团,要处理社团的事务、与外界沟通交流,其中最大的收获就是锻炼了自己的领导能力和办事能力,挑战和收获都很大。

Q: 如何平衡学习和社团的时间?

A: 首先我觉得做事情要有自己的目标,比如我们社团要组织一个中法文化艺术周活动,邀请法国著名艺术家到深中校园表演,我会计划好每一步需要做什么事情,在什么时间完成,还会预留突发事件的处理时间,这样就有充足的时间处理好意外情况。在学习方面,我也会提醒自己考试时间,在学校课堂上学习的时间还是非常重要的,尽量分清主次,依次完成。

Q: 课余生活有什么兴趣爱好吗?

A: 我很喜欢花样滑冰,从小学三年级开始到现在,花样滑冰学了9年,平时在这项运动上也花了很多时间。

其实最开始是想学习弹钢琴,但学了没多久就觉得太累了,主要还是不感兴趣,最后就放弃了。那会儿年龄小,有了这次放弃的经历之后,我就对学东西很抵触,因为觉得就算是开始时感兴趣,练习久了,也会不喜欢。

23

学习滑冰是一次偶然，家人带我去玩，我发现自己确实很喜欢滑冰，中间其实也有很多次想放弃，包括因为训练受伤，但出于对这项运动的热爱，最后还是坚持下来了。

后来参加亚洲锦标赛、亚洲青少年花样滑冰挑战赛还拿了一些金牌。

就是因为接触了花样滑冰，我发现自己喜欢运动，就又去学习了击剑、艺术体操，虽然投入的时间和精力不能做到和滑冰一样多，但学习这两项运动也是我很喜欢的事情。

我还喜欢看法国的黑白电影，非常有韵味。旅游也不错，以前我家里挂了一张世界地图，去过哪些地方就做一个标记。最开始旅游是和家人、好友一起去非洲看动物大迁徙，后来就越来越喜欢到处去旅游。旅游还可以品尝很多美食，我最喜欢吃的就是巴黎的可丽饼，超级好吃。后来在社团活动中，还和同学一起做过，但是没有做出巴黎的味道。

可能因为我是一个爱尝试新事物的人吧，什么东西都要去试一试，才知道自己是否喜欢。平时我都是住家里的，为了体验校园生活，最近刚申请的住校。其实集体生活还是很方便的，深中的女生宿舍非常不错，室友可以聚在一起聊天，非常有意思。所以在这里建议学弟学妹们多尝试新事物，就会知道这件事情自己是否擅长。不要想太多，想做就去做。

Q：父母对于你花很多时间在学习之外的事情上是什么态度？

A： 父母其实很支持我，他们希望我把一项运动或者喜欢的事情坚持下去，而且时间总是够用的，主要看自己的规划。如果能安排好，时间完全没有问题。我觉得读大学后，甚至以后在很长的一段时间里，花样滑冰我都会坚持下去，有时候考试会让我感觉焦虑，但运动可以舒缓这种紧张的情绪。

Q：你觉得家人给你比较深的影响是什么？

A： 应该是阅读习惯，家里有一间书房，家人都爱看书，我也喜欢看书。还有就是规划时间的习惯，父母会提醒我在时间上要有自己的安排，但是具体怎么做，就让我自己来，不会给我具体的规划，所有细节都让我自己决定。

再者就是勇于尝试，之前我去申请耶鲁全球青年学者项目的时候，家人也是鼓励我去做一些没有尝试过的事情，在这个方面家人起了很好的引导作用。

> **Q：当初为什么选择来到深中？**

A： 当时参加深中的卓越成长交流营，深中的学长学姐带我们参观了校园，感受深中的学习氛围，还参观了很多社团。深中有很多优秀的老师和学生，有很多选择和机会，而且她的国际体系一直特别优秀。在小学六年级毕业时，我去美国参观了一些大学，从那时候我就有要出国读书的计划，所以就选择了报考深中。

> **Q：深中三年让你感触最深刻的事情是什么？**

A： 现在看来，应该是高三选的戏剧课，演了《罗密欧与朱丽叶》中的"朱丽叶"，这也是第一次在成美楼先锋剧场演出，那里有很好的设备和舞台，我们一群同学演一出戏。

这场活动给我感触最深的就是整个剧组在表演过程中很团结。

还有一件事情就是高一军训快结束的时候有一个学生表演的环节，舍友怂恿我们一起去表演唱歌。本来我就知道自己不会唱歌，那一次表演之后，我就更加确定了自己是真的不会唱歌，现在想来都挺好笑的，不过这个也算是另一种体验。

> **Q：感觉比较遗憾的事情是什么？**

A： 比较遗憾的就是没有体验国际体系以外的生活，感觉其他体系同学的生活还是有很多的不一样。

> **Q：毕业之际，最想跟学弟学妹们说的一句话是什么？**

Pas à pas, on va loin（法语）。

去探寻在这个世界有什么需要改变的，然后设定目标，你首先需要迈出第一步，然后一步一步走下去。

深中学子 | 刘建乐

谁说艺术生不能学工程

刘建乐，被纽约大学、伦斯勒理工学院、芝加哥艺术学院、帕森斯艺术学院、加州大学圣塔芭芭拉分校、加州大学戴维斯分校、加州大学欧文分校录取。

热衷于艺术设计的实际应用，目标明确，有很好的时间规划能力。

Q: 作为被世界名校录取的准留学生，你在申请学校的时候有哪些经验可以给学艺术的学弟学妹分享？

A: 相信很多学艺术设计的学生都去过画院，画院的作品更多用于欣赏，培养艺术修养，实用性不强，我是倾向于把艺术设计投入实际的应用中。所以在选择学校的时候，也是考虑了兴趣和就业两方面，因为学艺术专业可能就业面比较窄，但是工程师的就业机会就比较多，而且可以把艺术用在解决实际问题上。

因为我觉得艺术类专业本身就业面偏窄，而本科相对还是比较基础性的学习，可以选择比较广泛的学科，所以在选择学校时选了好几所工程学里设有独特的数字媒体专业的学校，比如伦斯勒理工学院和纽约大学等，不过也选了芝加哥艺术学院这类数字媒体比较强的艺术学院作为保底。

Q: 在深中，你最喜欢做的事情是什么呢？

A: 我特别喜欢摄影，学校的很多活动我都参与过拍摄，比如《罗密欧与朱丽叶》话剧演出拍摄、"深中杯"、校猫拍摄等。而且我都是自学摄影，现在网上有很多资源，我觉得完全没必要去报班培训甚至专门学这个专业，现在网上的教程完全足够自学，只要自己愿意花时间就能学会。当然了，我也会坚持跑步和健身。一个人如果连自己的身体都规划不好，如何规划好自己的工作呢？

Q: 听说你还有自己的工作室，当时为什么创办工作室呢？

A: 我在高一的时候参加了摄影社和学生活动中心。不过当时感觉对设计风格限制较多，比如校园十大歌手门票的设计，入选门票底色浅，对重要信息如座位号和时间的显示不突出，没有体现出它的实际应用性。在换届时的风格复制，让我感觉不能适应。不过，这两个社团也给了我很多启发。

我认为设计是不能传承的。比如我的工作室，我可以教你怎么用计算机设计，但我肯定不会要求你必须用什么风格，每个人的设计都有自己的风格。我是在高二时创立的工作室。

我从小对艺术感兴趣，现在变得更加敏感了。我觉得艺术要投入实用，才能体现它的价值。比如帮社团设计 Logo 和海报，帮班级设计班服，帮年级设计 Yearbook。当时的想法是接单锻炼自己，到现在也还会去接单。

我有了好的想法会想把它呈现出来，一开始是手绘，但要用到海报设计时，让别人用计算机出图达不到自己期望的效果。当时就想自己要学会计算机设计。而且我在自己没完全学会使用软件的时候就开始设计，边接单边学，到现在所有的设计软件都会用，比如 PS、AI、ID……从来没有只看教程就能学会软件的，一定要在实践中学习软件。

Q：你的创意思维主要是从哪里来的呢？

A：主要是去很多美国知名的设计分享网站如 Pinterest（拼趣），那上面有很多优秀的设计作品展示，可以学习参考。如果设计的时候没有灵感，会有"生不如死"的感觉，特别是自己需要每月接单设计两三个海报，这时就需要参考一些别人的优秀设计作品，汲取别人的精华，再内化成自己的东西进行设计。但是千万不要直接硬搬或模仿别人的作品。

另外，由于我爸爸是游乐设施工程师，因此在我小时候，他就带我去世界各地著名的游乐场游玩参观，比如迪士尼、环球影城等，这些游乐场里面都是设计，都来源于好莱坞大片，还有他会带我到他工作的地方看机械的后台，让我了解机械工作的原理，看过这些东西以后，我形成了相关的概念，开阔了视野。

Q：你如何把控学习和工作室的时间呢？

A：我觉得首先明确自己想要什么很重要。谁说手机只能用来打电话、发短信、拍照和玩游戏，充分利用好手机的日历、提醒事项功能，明确自己每天要做什么，而且要有个好的生活习惯。其实我的成绩不算很优秀，但我会把课本学习和工作安排分清楚，不会因小失大。

兴趣可以坚持，也不要盲目放弃课堂、课本知识。要想清楚自己想要什么，明确自己的目标。

Q：这三年有没有比较遗憾的事情？

A：最遗憾的是高一、高二没有全心全力地做好摄影师。那时比较忙、活动又多，当然还有一个原因就是当时单反设备也不是特别好，没有去给

朋友的活动、表演拍照。现在相对空闲一点，也在十八岁生日的时候入手了新单反，所以只要一有活动，我就会去拍照，比如校园十大歌手比赛、篮球赛、足球赛等。

Q：毕业之际，最想跟学弟学妹们说的一句话是什么？

A：谁说艺术生不能学工程，谁说学工程不能学艺术！

深中学子｜夏雨菲

科学与人文
让我思维更开阔

夏雨菲，被宾夕法尼亚大学沃顿商学院（商学院全球排名第一）、西北大学等12所名校录取。

活泼开朗的夏雨菲是一个充满爱心、热心公益、文理兼容的聪明女孩，对科学与人文的兴趣使她一边探索科学领域，一边阅读大量古今中外的世界名著，她既有深厚的中国文化涵养，又深入研究美国发展历史，好奇心与成就感让她在学术的海洋畅游而乐此不疲。

她曾获得过冰心文学奖金奖、宋庆龄奖学金、加拿大滑铁卢大学化学竞赛全球5%等诸多奖项，擅长快速阅读、快速计算、快速写作。

> **Q：你被宾大沃顿商学院录取，对什么专业比较感兴趣？**

A： 申请美国大学时我报的专业大多数是工程和科学，但我发现宾大有个项目是管理与技术（Management and Technology），它是在沃顿商学院及工程学院修双学位，学习的内容就是如何把科学技术运用到现实生活中去，我觉得它与我的性格特点非常契合，可以让我把科学知识和喜欢与人打交道的性格特点结合在一起，所以即使这个项目每年在全球只招三十个人，我也去申请了。

我现在计划学习金融和化学工程，以后想做技术投资。在屠呦呦以青蒿素的研究获得诺贝尔奖之后，我也对中药的研究产生了浓厚的兴趣，我以后想创立一家像"默沙东"这样的制药公司。我想做的事就是研究抗癌中药，然后投入资金把它推向国际市场，以商业的方式支持科学。

虽然在大学里除了金融我仍选择了学习与理工科相关的专业，但是并不一定要成为研究员。

> **Q：从主观上来看，你觉得自己更擅长理科还是文科？**

A： 我感觉自己文理科都可以。

文科方面，我对文字比较敏感，擅长写作，这跟我在小学的时候就开始写小说有关。那时候有个叫杨若晞的同学，她跟我是前后桌，她写校园青春小说，我写有关宠物的。然后每天中午互相交换着看，从那时起就潜移默化地奠定了我的写作基础，现在业余时间我也常写写小说，或是在知乎等论坛上写些评论。写作和阅读是我平时最大的爱好。

理科方面，小学时教我的奥数老师很幽默，他的引导使我对奥数产生了浓厚的兴趣，奥数锻炼了我的理科思维。同时，父母也希望我全面发展，我并没有偏向哪一科，所以对我来说两者都差不多！

> **Q：你写小说方面的兴趣主要因为什么？**

A： 有可能是小时候父亲睡前会给我讲故事，听故事很锻炼我的想象力。

他给我讲沈从文《边城》里的翠翠，他讲的时候我脑海中就会自动浮现很多场景。父母也会给我买很多小说，像《水浒传》《简·爱》等。

Q: 你当时是怎么选择理科和文科的？二者你都比较擅长，自己纠结过吗？

A: 虽然我最终选择了理科方向，但我觉得选文还是选理两者并不矛盾。

我喜欢的两位作家都是理工科出身：一位是江南，他毕业于北大化学系，后来去圣路易斯华盛顿大学读了化学博士，本来他可以成为一家化工企业的首席科学家，但他最终成为作家，因为他有化学的背景，他的小说里很多有关炼金术的描写非常精彩，作品非常畅销。另一位就是《三体》的作者刘慈欣，他也是理工科出身。所以其实文、理两者并不矛盾，相反，两者的结合还能让我的思维更加开阔。

Q: 你获得了很多的荣誉，文科和理科都很出众，还有全额奖学金，父母对你的成长有哪些帮助？

A: 我父母很注重我几个方面的培养，主要是阅读、计算还有写作。

我记得小学时家离深大近，父母会邀请深大的大学生来家里玩，接触这些年龄比我大的哥哥姐姐让我获益匪浅，他们每个人都教给我不同的技能：播音主持系的姐姐教我阅读与朗诵，工程系的哥哥教我速算，体育系的哥哥教我游泳和打羽毛球，等等。

家庭方面，我父母是截然不同的两种性格，像两股不同的力量推动着我这只小船平稳前进。传统的家庭多是严父慈母，但是在我们家，我母亲是比较严厉的，父亲则对我比较宽松。我记得父亲会经常带我去旅游，不管走到哪儿，都要让我去问路，安排一切，其实那时候我挺害羞的，但独立能力就这样慢慢地锻炼出来了。

申学过程中我母亲则比较紧张，对很多事情都喜欢深入研究。她会帮我分析很多学校的信息，和其他家长沟通，每一场留学讲座她基本都会参加并收集很多资讯。她也经常监督我学习。相比之下我父亲就会说，你自己喜欢去哪所学校就去哪所学校，反正即使考不上好大学，回家还有爸妈给你烧菜吃。

总的来说，父亲倾向于让我自由发展，母亲则是比较严格地培养我。

很多同学的家长可能会在孩子高考前很焦虑，我觉得父母对孩子的管

理，相对平衡就好，像我父亲那种，一直很松也不太好，因为孩子的自制力弱，还是需要家长有一定的监督。但是过于严苛会让孩子不能适应，很有压力。所以从孩子的角度来说，希望家长提提建议就好，最后还是让孩子自己做决定。孩子犯错其实也没有关系，犯错才会成长。

Q：在学校参加社团了吗？

A： 我参加了两个社团。

高一的时候加入了歌舞剧社，对歌舞剧产生兴趣是在初中的时候，老师给我们看过很多歌舞剧，像《猫》和《歌舞青春》这些，我很感兴趣。高二的时候就导演了一部剧——《音乐之声》。

中间还有一个小插曲，当时向学校申请场地的时候错过了时间，最后在一个公司的场地里完成了表演，还录制了视频。

还有创建SHAEP环境保护社，去年才正式在学校注册，它和环保协会不太一样。创建社团的初衷是因为我比较关注深圳红树林的保护情况。深圳最近几年红树林被破坏得很严重，所以我创立了这个社团来关注深圳的红树林保护。

我本身也受到父亲的一些影响。我父亲也是一个积极的环保分子，他经常带我去香港的湿地公园观鸟，了解大白鹭、小苍鹭，也是他引导我关注环境污染情况。

让我感触很深的是：虽然深圳和香港都是国际大都市，但是香港对红树林的保护做得很好，它在天水围有个几百亩的保护区——米铺自然保护区，完全是原生态的。

香港特区政府有很好的保护措施。反观深圳，为了开发房地产导致很多红树被砍掉。所以我就在想：经济发展和环境保护应该有一个平衡点，因此我建立了一个小组，开始是6个人，后来变成了一个社团，主要是围绕"在国际化大都市，如何对红树林进行保护"等问题展开研究。

在去年1月份，我们去香港米铺自然保护区考察，有几千只候鸟栖息在保护区里，像极了巴金描写的《鸟的天堂》里面的场景。在那里，我们人类反而像是鸟世界的游客，保护区的工作人员会对人们的活动进行严格限制，比如限制入区人数、不能穿色彩鲜艳的衣服，担心会惊吓到鸟类，而且我们人类的活动范围很有限，大部分的湿地全都是留给鸟类的，鸟类在那里生活得自由自在。

对比深圳的红树林公园，对原生态的保护措施就做得不是很到位，它主要还是想"建公园"，而不是建一个"保护区"，所以引进了很多外来物种，对人类的活动也没有限制。所以我觉得这是很令人痛心的，我就想为城市的环境保护尽自己的一份微薄之力。

Q：如何平衡学习和社团活动的时间？

A： 总体来说，我习惯在一段时间只专心做一件事情。高一的时候我是在荣誉体系，当时就一心扑在学术研究和化学竞赛里面，包括高一下学期被选入竞赛班后也是拼命搞学术。高二转到了国际体系，我选了很多AP（美国大学先修课程）的理科课程，很多理科课程我在荣誉体系已经学过了，只需要用英文再学习一遍就可以了，这样在学习知识上就不用花那么多的时间，我就有多余的时间去做一些社团活动。

高三时觉得自己学得太偏理科，就选择学习世界文学史和美国历史，来平衡一下我的文理科。对我来说，国际体系文科的科目相对比较难，所以高三就花更多的时间在学习上，社团活动参与得比较少，多余的时间就用来写申请文书。

我其实没有什么时间安排的小技巧，就是不要浪费时间就好。比如高一的时候，有段时间歌舞剧社要排练，我还要兼顾化学竞赛，时间管理的方法就是减少平常拿来放松的时间，然后把碎片时间利用起来，比如排练前大家还没来，我就在钢琴盖上写作业。我觉得有一句话说得特别好："时间就像海绵里的水，只要你愿意挤，总还是有的。"

我还有一个本子，是拿来记录自己要做的事情，我记录事情的习惯大约是从初中开始的，到了高中也玩起了手账，我觉得把要做的事情记下来也是统筹时间的一个很好的方法。如果学弟学妹们在学习生活中有时候有很多事情，或者事情太多太杂，都可以尝试这种方法。比如拿我来说，这次要接受采访了，如果我不记录可能就会忘记，但现在我定时查看手账，就会把该做的事都能完成了，而且能根据任务的轻重缓急来安排时间。

Q: 你这个做手账的习惯非常好，还有什么其他学习方面的经验可以分享吗？

A: 对于不同科目可能学习方法会不同，我就大概讲一下吧。

针对理科，我的方法是找到公式的联系。比如化学，它有能量公式和电池公式，可能别人学的时候会把这两个章节割裂开来，但我觉得它们是有联系的，因为它们之间有相同的变量，我经常课后会向老师请教它们的推导公式。又比如铁会被磁铁吸引，这是一个物理知识，在化学上，原子是由原子核和核外电子组成的，这又是另外一个知识点。可能有的人认为二者没有什么联系，一个是物理，一个是化学，分属不同的学科。但其实铁能被磁铁吸引，是因为上面的电子特别容易跑动，是有流动性的，不像塑料，电子在原子旁边。通过物理和化学联系对比，从宏观和微观上分别解释为什么铁和磁铁能够相互吸引。

用联系的观点看问题，也可以增加感性上的理解，如果单独背一个公式可能只是用于解题，但是如果你理解它，你就能从感性上理解事物之间的联系，不会那么单调枯燥。这种方法在做大题的时候会很受用，因为你经常能从不同的角度来解题。

在如何提高写作能力方面，我的经验就是多看书，以前我经常觉得自己有想法，但是句子写出来不够精练、不够准确，然后我就会看很多文学大家的书，比如三毛、老舍等的作品，仿写他们的词语和句法，锻炼自己用词的准确性和句子的精练性。包括多积累语文语法知识和提高中文表达的词汇量，都可以让人在写作上厚积薄发。

Q: 这些经验都非常好，当初是什么原因让你选择来深中读书的?

A: 我是小升初时就考进了深中初中部超常班，然后升高中时我通过了深中的自主招生考试选拔，但我仍然参加了中考，并取得了807分的好成绩。

Q: 对你来说，深中最有乐趣的一件事情是什么?

A: 我特别享受每天去学校食堂吃早餐的时光。我不住校，但是每天第

35

一节课是自习课，所以我就会用20分钟在学校食堂吃早餐。吃饭的时候和同学闲聊，什么都不想，特别放松。

Q：深中六年有没有比较遗憾的事情？

A：比较遗憾的事情就是高一时曾有段时间没有规划好，当时没有想好到底要参加高考还是要出国，所以两头兼顾就忙不过来。比如曾尝试着既要准备标化考试，又要背化学的元素知识，东西太多反而什么都记不住。

如果再来一次，可能我高一会全部投入去搞竞赛，高二再全力冲刺标化考试，这样效率会高很多，自己也不会那么累。

所以学弟学妹们要尽量早作规划，这样效率会高很多，确定好自己的方向后，再做细致的规划。因为选择有很多的时候，反而更需要尽早明确自己的方向。

Q：在深中六年，让你印象最深刻的一件事是什么？

A：初中的时候要中考，班主任、数学老师和科学老师每天放学后带着我们跑步。科学老师那时候已经50多岁了，亲自带着我们在那里跑10圈甚至20圈。

我特别喜欢我初中所在的十班，虽然毕业后大家各奔东西，但还是会每几个月聚一次。我觉得深中初中部就像一个大家庭，非常温暖。

Q：毕业之际，最想对学弟学妹们说的一句话是什么？

A：天生我材必有用，相信自己！

第一章 自我探索篇——海外名校青睐之因

深中学子 | 王珏

不要轻易否定自己没尝试过的东西

王珏，被美国最难考取大学之一的波莫纳学院录取。

初见她时，她留着齐肩短发，清爽干练，给人感觉是个内敛的女生。

⭐ 大学申请：提前准备和敢于"尝鲜"

作为美国最难考取大学之一的波莫纳学院的录取者，王珏认为，海外大学报名提前准备非常重要。

"申请学校要抓住机会，特别是文理学院，因为到了后期竞争会比较激烈。自己喜欢的学校要直接去学校官网多加了解，我是从高一就开始了解波莫纳学院的。所以学弟学妹们还是要尽量提前做准备。"暑期的时候，王珏还特意到波莫纳学院访校，她觉得这所学校地理位置、校园环境等各方面都比较适合自己。

不要太注重分数。其实国外大学申请，更注重除分数外其他能力的综合考量。所以在保证学习成绩的前提下，多参与一些课外活动，要抱着开放性的心态，不要轻易否定没接触过的东西，对其他学科保持好奇。王珏对社会学和性别平等化研究感兴趣，她喜欢做社会观察，还因为关注性别平等的问题，高中时参加了哈佛大学性别研究专题的夏校。之后还参加了China Thinks Big挑战赛（中国大智汇创新研究挑战赛），所在小组"深圳中学九又四分之三深港跨境学童研究小组"获得了"杰出社会影响力奖"。王珏说道："因为是自己感兴趣的课题，当时特别投入。"

说起自己为什么会选择波莫纳学院，王珏说："高一时，从一位在波莫纳学院就读的深中学姐那儿了解到这所学校。"

"这里的师生比较低，师生关系亲密，课堂比较小，教学方式注重课堂讨论而不是直接灌输，而且波莫纳学院的学生大三时确定自己的专业方向，在文理学院，很多人会尝试双专业甚至三个专业。"

"感觉文理学院适合兴趣广泛的人，很少有人现在就可以明确自己这一辈子的目标，所以要多尝试不同的领域，发现自己真正感兴趣的是什么。"

⭐ 专业选择：多尝试不同的领域

在专业选择的时候，很多人会担心专业影响以后找工作，但在王珏看来，大学应该是思维和学习能力的提升时期。"因为很多技能都是在工作中可以学到的，"她认为，"大学不应该是一所职业教学的学院，而应该教你如

何去学习。"

当然她也跟父母探讨过，直言选这个专业可能会找不到工作，但确实喜欢这个专业。

在深中时，王珏同样也是喜欢尝试。高一时上课找不对感觉，理科成绩下降，后面就尝试接触文科。因为王珏很喜欢语言，从小学二年级开始就学英语，是第三届全国中学生英语学术辩论联赛新手组冠军。她也学了德语，初中去德国交流，高中选德语课，还参加了歌德学院的德语夏令营。

"我高二下学期确定专业，肯定很多同学担心时间来不及，但我觉得有时间去担心不如花点时间去读一些书籍，多了解专业相关的，后面也不会影响学习。"

★ 深中印象：自由开放的氛围

不同的学生选择深中的原因各有不同。而王珏又是因为什么来深中学习的呢？

王珏在初三就明确了去美国留学的想法。她说，当时选择深中，是因为深中的出国体系最成熟，师资力量雄厚，参加各种竞赛的机会多，还有美国大学对深中认可度比较高，深中各方面条件都比较好。

王珏说，她特别喜欢深中自由开放和丰富的社团活动。"相比单纯地以高考为目标的高中生活，我更喜欢高一、高二时去探索自己的兴趣这样的生活。"

印象比较深的事情，是高一时在游园会和学生活动中心的小伙伴们一起举办新年倒计时活动，当时虽然很累，但是和小伙伴们一起参与其中，现在回忆起来也很开心。

"最高兴的就是高一八单足球赛夺冠。之前从没踢过足球，同学帮我报了名，于是也就尝试着去参与，发现还挺有意思的。"王珏说，那时每天下午坚持训练，从小组赛到最后，团队之间越来越有默契，配合越来越好。

"真是没想过会拿冠军，当时都哭了，原本以为自己是不会哭的。这件事让我觉得坚持很重要，跑步时跑了很多圈累得不行了还在继续跑。"

这件事对王珏最大的影响就是要敢于去尝试新事物。

她说：“很多人认为自己没做过、没接触过的事情，肯定做不好；其实，不妨大胆去尝试一下，也许接触后你发现自己很喜欢呢。比如我之前没踢过足球，但接触后发现自己很喜欢，包括后来申请学校选专业，我都是在网上搜索了很多专业，没有轻易否定不了解的专业。"

毕业之际，最想对学弟学妹们说的一句话是什么？

不用太看重分数，应该快乐一点，享受高中生活。不要思维僵化，不要轻易否定自己没尝试过的东西。只有多去尝试，才能知道自己真正想要什么！

深中学子｜李嘉雯

坚持你的梦想，不要随波逐流

　　李嘉雯，被香港大学、香港中文大学、香港浸会大学、悉尼大学、墨尔本大学、澳洲国立大学等录取。

　　李嘉雯是一名悟性很高的学生，平时在课堂上只要有不懂的地方她都会积极向老师提出，周围同学有不懂的题目她也会很热情地帮助他们解决。她用了较少的时间在数学学习上，但依然取得了优秀的成绩。她性格很开朗，热心服务集体，总是主动反馈存在的问题，提出解决的方案，并身体力行，为班级做出了重要贡献。

Q：作为被世界知名高校录取的准留学生，有哪些经验可以跟大家分享？

A： 12月29日，港大开始发放第一批offer（录取通知）的时候，当时还在感伤没有收到面试通知的我，看到邮箱的标题"Congratulations…"时非常激动，我竟然被免面试直接录取了。

说起申请学校的经验，我觉得最重要的有两点。

首先是要对自己的事情负责。申请季DIY给我最宝贵的经历就是把自己的命运掌握在自己手里。我把几个港校的官网来来回回读了几十遍，甚至很多细节我都记得很清楚。比如哪个课程的教授叫什么名字，他在哪个教室上课……其中有一个问题就是：申请香港院校的同学少，网上攻略也寥寥无几，了解信息的途径只有去该学校一年一度的Information Day（资讯日）。

我记得当时申请季课业压力很大的时候，周末妈妈都会陪着我去香港不同的大学听上一天的讲座，通过这种方式我收获颇多。

其次是坚持自己的目标，不要动摇。好多人都问我：为什么选择去香港求学，为什么不把眼界放远一点？也有人在申请季前不断地提醒我港大就是十足的"分控"，很多"学霸"级的人物都把香港的大学当保底校。

还有老师跟我说过申港大并不比申美国前二十简单，可是这些话从来都没有动摇过我的梦想，从高一踏进港大校园的那一刻起，我就爱上了她，再也没有动摇过。

Q：在深中这几年，你感觉自己有哪些方面的改变？

A： 我初中来自深中的"3+2"，我很庆幸，初中三年紧张的学习气氛，让我在高一的时候很快就能适应高中的学习生活。

然而，高中刚刚转入国际体系的我一时感觉自己很渺小、很迷茫，我试图用参加各种各样的学科活动、校园活动、竞选干部，甚至用我爱笑的傻大姐乐观态度来伪装自己其实很不安的内心。

思来想去，我初中的时候身边被各种理科"学霸"包围着，我已经习惯停留在原处，不去挖掘自己的优势，甚至压抑自己的天赋，以致渐渐迷失了自我。

这也是我决定高中转到国际体系的一个很大的原因，每个人的人生都是在不停地探索，不停地寻找适合自己发展的地方。其实初、高中的各个学校并没有绝对意义上的好与坏，只是看是否真正适合自己。

在意识到自己的问题以后，我渐渐学会了不去盲目地跟从，而是在不同的活动中发掘自己的天赋，勇于去尝试。

幸运的是，我的语言天赋在国际体系得以发挥，高一时获得了CCTV英语希望之星全国总决赛一等奖，高二时获得了21世纪英语演讲比赛深圳赛区亚军、全国二等奖。连续两年参加了广东省及全国的英语辩论赛，并在高二时担任了广东省英语辩论赛的主持人。在这条路上我走得越来越自如，渐渐地也恢复了对自己的认识和认可。

高二下学期的时候，我偶然看到了全国奥林匹克语言学竞赛的通知，脑子一热，抱着试一试的心态去参加了初赛，令我没想到的是，赛前只懂得语言学肤浅知识的我竟然取得了学校前三名，获得了去往清华大学参加全国总决赛的资格，并最终获得了全国一等奖。

我想这都归结于一点，我找到了适合自己发展的方向，找到了自己的闪光点。国际体系也给我提供了最好的资源和条件来鼓励我发挥自己的天赋。三年了，现在回首看看刚上高中时迷茫的自己，如果当时没有找到自己的闪光点，天知道我现在会怎样。

Q：高中生如何实现全面发展，而不仅仅是应试方面？你有什么个人经验值得分享的？

A： 我觉得心态很重要，在深中这种竞争激烈的地方，很容易在其中迷失自我。

比如看到别人参加某个比赛获得一些奖项，就开始心慌自己是否也应该参加这些比赛，在不知不觉中就会随波逐流，却很少去思考自己是否必须参加？这些比赛是否适合自己？是否值得为这个比赛花费时间？

现在有很多学弟学妹来问我，某某比赛好不好？有没有含金量？值不值得参加？我个人的观点是，如果强迫自己去参加一个自己并不擅长、不喜欢的比赛或者活动，要取得一个好的结果会很难，与其浪费时间参加很多很杂的活动（当然要排除那些很全能的"学霸"），不如找到自己的闪光点再加以放大。

在这样的过程中，自己也会越来越有自信、越来越有乐趣，结果也会越来越好。

Q： 在高中这几年参加过社团吗？

A： 高中三年，我担任了先锋中学生社团的外联部部长、V-music流行音乐社的副社长和NOVA Monthly的生活版版主。每一个社团都给我带来了无数美好甚至有点心酸的回忆。

要说给我留下最多深刻回忆以及给我带来最多成长的，要数2016年那次先锋中学生国际圆桌会议了。

那是我们首次将开会的地点移至全国的五个城市，风险很大。作为主要策划成员之一，在我们与中国科学促进会等组织的共同努力下，本次会议有了新的重大突破。

其间，我和我的小伙伴们成功邀请了来自13个国家的80多名代表聚集到中国参加我们的会议。

特别忙的阶段要数先锋圆桌会议在北京开幕的那段时间，可不巧的是，那一年我同时被选入了英语希望之星全国总决赛的电视节目录制，节目的录制时间是在先锋圆桌会议的准备初期。

这让我当时很纠结，如果我选择两边兼顾，那么就意味着我将要完全突破自己的极限，去完成一个不可能完成的任务。

先锋圆桌会议的工作量很大，每天最早都得深夜一两点合眼，而希望之星的录制却在北京的另一个区。为了不耽误两边的工作，我每天4点钟起床去演播厅录制节目，上午9点钟再赶回来工作。

因为北京令人"难以捉摸"的交通状况，每天我只能选择自己坐40站地铁来回奔波，同时地铁站离目的地还有一小段距离，我还要坐着所谓的"蹦蹦车"跟着司机"逍遥"地在马路上乱闯。

这其中最令我没法接受的是妈妈不能像以前一样一直陪着我，她必须待在电视节目组那边以防他们发现我还在城市的另一边。这虽然看起来不可思议，但是我真的做到了，我靠着自己坚强的意志在这个大城市中来回奔波，现在自己回想起来都感觉挺后怕的，但也是很自豪的事情。

这个过程中当然也有遗憾，因为比赛前一天国际招生官要提前与我们面试，因此无缘参加先锋圆桌会议的开幕式。

还记得当时我负责带领九位外国代表，只能委托社长先帮我带领。我特别内疚，只能在演播厅用手机不停地跟他们联系。

那晚我幸运地收到了来自美国斯沃斯莫尔学院、圣地亚哥大学以及伦敦国王学院的入学邀请函，比赛结束后，我独自坐飞机前往上海回归团队，又一次认真地投入紧张繁忙的工作中。

Q：在深中，你最喜欢做的事情是什么？

A： 可能这个答案大家听起来很伪文艺，我特别喜欢看下午六点左右西校天桥上的天空。

我们一般的正常放学时间是四点三十五分，那时候太阳很大很刺眼，而且天桥上人来人往，我每次都只想着快点走过天桥出校门。然而六点是一个很神奇的时间，六点不仅是周二V-music流行音乐社社团课结束的时间，"内阁"商讨完工的时间，先锋策划会结束的时间，还是和我最爱的Drama剧组告别的时间。

那时候的天空总是好美丽，有时候是浅蓝色的天和白白的云，有时候是火烈的夕阳，有时候是散发着神秘气息的宝蓝色光，有时候是漆黑的天空中看到的一颗闪亮的星……带着时而满足、时而兴奋、时而小失望、时而不安的心情走上天桥，我特别享受在天桥上被天空包围的感觉，不信你去试试看。

Q：深中三年最让你难忘的人是谁？

A： 刘斌直老师。刘老师在所有同学的印象中都是一个笑起来很慈祥，说起话来带着一丝滑稽的班主任。他总是语重心长地跟我们说各种大道理，有时候唠叨起来，就像我们的父母一样。

因为从高二开始，大家都在上AP走班，刘老师在我们班上课的时间缩减到了一周一次，到高三的时候都没有我们班的课了，可是刘老师一直通过各种途径来关注我们的学习和生活。

他经常让我们几个班委收集班级里同学们的学习情况和活动记录，默默地关注着我们的成长。

令我最难忘的是高三上学期和刘老师谈写推荐信的时候,刘老师听到我两年获得的奖项,惊奇地问我:"为什么你得的这些奖,不上报学校呢?"

说真的,当时我以为我得的这些文科奖项学校可能不会很在意,所以也就没有跟老师汇报,但是那时候刘老师对我说了一句令我终生难忘的话:"……外界是否知道你的成绩,并不会影响到你最终申请的结果,参加比赛最重要的是你成长了,你不必在意别人怎么看……"

Q: 高中三年一直在坚持的兴趣爱好是什么?

A: 其实我小时候舞台经验比较丰富,身边的人都以为将来我会走艺术这条路。

在艺术方面,爸爸妈妈花费了很多精力和财力去培养我,但是上了初中以后,由于学业压力比较大,我慢慢地减少了在艺术方面的投入。现在回想起来很可惜,特别是声乐方面。

当然我也想办法去弥补,高一我参加了校园十大歌手比赛并最终进入总决赛,参加了V-music流行音乐社,在学校办社团专场,在校外支援路演……深中丰富多彩的校园生活,是我能够将我的兴趣爱好坚持下去的很大一部分原因。

Q: 高中三年比较遗憾的事情是什么?

A: 我觉得最大的遗憾,应该是高三申请季的时候没有和周围同学一样体验申请美国大学的感受。因为我的身体和专业特殊性,高二下学期,当大家把目标广撒于美国学校时,最后决定申请香港院校的我,注定在申请的这条路上走上了一条孤独的路。

我记得在申请季阶段,大家都在积极地讨论美国的文书怎么写,分享美国大学各种五花八门的攻略,我却只能孤零零地翻遍网上仅有的几篇"港校申请指南"……

Q: 毕业之际,最想对学弟学妹们说的一句话是什么?

A: 坚持你的梦想,不要随波逐流!

深中学子 | 任恩墨

一个"机器人竞赛控"女生的成长史

任恩墨，被包括美国工程界的顶尖学校欧林工程学院（Olin College of Engineering）和库伯联盟学院（Cooper Union）在内的11所学校录取，并且获得共计31万美元的奖学金。

坦诚待人、与同学相处和睦的任恩墨，外表沉静内敛，有独立思考与专注的精神，有理想的目标专业——IT专业，兴趣的驱使，使得她在机器自动控制研究方面深度投入，她经常会去参加机器人的比赛，并且取得了优异的成绩。在别人看来她付出了很多努力，而她其实乐此不疲，沉浸其中。

Q：作为被知名高校录取的准留学生，有哪些经验可以跟大家分享？

A： 欧林工程学院实在算不得如雷贯耳的大名校。之所以没有那么出名，是因为很多中国学生和家长都不了解这所学校，但是这所学校卓越的教育模式深深地吸引着我。

它有完全区别于一般学校的全实验室教学模式。学校挑选学生的要求很苛刻，每年录取率极低，但被录取的学生都有半额的奖学金。

最开始申请的时候，身边的人都会觉得申请难度过大，但我梳理了一遍自己这几年的高中生涯，我觉得自己跟这个学校的很多东西都非常匹配，这个学校也成为我想要就读的学校，为了它我放弃了ED1、ED2的机会。

到波士顿面试阶段，五个入围的中国学生争取一个录取名额，我有幸成为最幸运的那个人。

所以，坚持自己的想法，反复梳理这几年的学习和生活，清楚地知道什么东西是自己最想要的，这是申请过程中我认为非常重要的东西。

Q：深中三年你感觉自己有哪些方面的改变？

A： 刚刚进深中的时候，觉得身边的同学都很厉害。有自学高中甚至大学课程的数理化高手；有随手编个游戏，好玩度堪比"植物大战僵尸"的编程高手；还有熟读文学典籍，言谈举止文雅脱俗的同学……

我到现在都记得，刚上高一的时候，化学老师布置的第一个作业，是用英文写一篇化学论文。看着周围同学行文如流水，而我自己吭哧吭哧憋了几个小时，不过几十个单词，内心无比的崩溃。

有一段时间，我甚至觉得自信心全无。失去那种学习的状态以后，学习效率特别低。不过还好，我自己后来慢慢调整，走出了那段低谷期。

这其实是一个思想慢慢成熟的过程，也就是我们要在不断的拼搏中去积累自己的自信心。当自己奋力拼搏以后，出来的结果比自己想象的还好一些的时候，自信心就会增加一点。到最后，就会发现自己真的能够做到曾经以为做不到的事情。所以，现在的我跟高一时的我，最大的不同就是我会更清晰地认识自己、定位自己。或许只有这样才能够做到：不以物喜，不以己悲。

Q: 你如何看待中学生在学习上压力很大的问题?

A: "作为一个学生,搞好自己的学习,是天经地义的事情。"我妈妈总是这样对我说,我自己也认同这个观点。

学习是有竞争的,相应地就会有一个衡量的标准,比如分数、优良、等级……这是在大环境下不可避免的问题,所以人人都有压力,在高压之下找到自己最高效的方法尤为重要。我认为,老师在课堂点拨知识点,然后学生自我学习这段时间是效率最高的。

在高压下的学习过程中,你也会遇见一些自己特别感兴趣的事情。自己这时候会主动地慢慢琢磨不明白的地方,通过琢磨难点、疑点,找到很多乐趣。与其他同学进行思想上的碰撞和交流,也是一件特别让人振奋的事情。所以,有压力也有乐趣,学弟学妹们找到适用的排解方法就好。

Q: 在校这几年参加过社团吗?最喜欢参加的活动是什么?

A: 最早参加过NOVA杂志社、吉他社、义工联等社团,其中参加的版画社(刀匠社),后来努力一直做到社长职位,领着同学们一起刻版画。

参加FRC(国际中学生机器人对战赛)竞赛团队的印象也很深刻,我负责搭建部分。后来机器人活动连续做了两年多,在校内外还参加了四个同样类型的比赛。

在学校除了学习之外,参加这些活动让自己很有满足感。同时,很多活动需要与同学和周边的各种资源进行协调,这无形中很锻炼自己的沟通能力和团队领导能力,这些能力在某些时候可能比学业本身更重要。

我最喜欢的一项活动就是参加FRC的竞赛。说真的,这项活动极其耗费时间和精力,为此我有两个寒假都没有外出,虽然经常熬夜但是兴趣使然,我都坚持下来了。

我从心底里喜欢跟十几个小伙伴一起,看着一个团队打造的机器人一点一点从无到有,亲自动手赋予它功能和生命,这是一个振奋人心的过程。

Q: 当初为什么选择来到深中,她最吸引你的地方是什么?

A: 最开始接触深中源于初三的同学,他参加了深中的游园会,回来以后告诉我深中的情况,他表现出来的自豪和欢喜溢于言表。但是消息闭塞的我错过了机会没有参加，因此受同学影响，我对深中充满了无限的好奇。

后来带着好奇，我仔细查了深中的相关资料，发现这个学校真是大隐隐于市的"神校"。深中虽然是一个"学霸"成群的地方，可是它最吸引人的，不仅仅是学术上的突出。在这里，你能感受到身边很多同学思想上的锐利；这里有同学们在课余建立的各种各样的社团、学生公司；这里有各种辩论赛、商赛……这样一个学术比赛丰富的学校给大家提供了广阔的自我展示舞台。

Q：高中这几年，你眼中的深中有什么特点和变化？

A： 我作为交换生在深中度过了四年时光。成美楼投入使用、D栋教学楼和钥匙妹已刻入我的记忆里。跨年的守岁，各种cosplay的游园会，还有那些激昂文字的大字报，都无不体现着深圳中学学生的特点：自觉、自律、自我思考。

这其实要感谢深圳中学民主、包容的氛围和历史传统，是这些才使刚刚萌芽、或许不太完整、过于尖锐的思想不至于被扼杀。

Q：深中三年最让你难忘的事情是什么？

A： 我记得在高二寒假，团队一起参加机器人搭建项目，因为资源稀缺、经验不足，对我们来说难度极大。

从假期开始到结束，团队成员一共就休息了几天时间。每天都在学校从早忙到半夜，有一天晚上，为了赶进度，全队通宵。

凌晨的C514特别的冷，只有一台暖炉，所有人都围着它瑟瑟发抖。但是现在回忆起当时的我们，全队拼尽全力的样子，真的很难忘。

Q：高中三年比较遗憾的事情是什么？

A： 刚升上高中的时候，遇到各种校园"学霸"，我一度觉得压力非常大，总是非常焦虑。

虽然也参加了很多社团，但一度找不到自己的方向。如果能重新来一次，我会选择更坦然地去面对周围的环境，做自己就好。

Q: 毕业之际,最想对学弟学妹们说的一句话是什么?

A: 不管结果如何,一定要尽自己百分百的努力去做。

深中学子 | 钟嘉桢

用8封"情书"俘获国外名校"芳心"

钟嘉桢，被埃默里大学、南加州大学、波士顿学院、加州大学圣塔芭芭拉分校、加州大学圣地亚哥分校等5所国外名校录取。

一直带着亲切微笑的钟嘉桢，有着秀气的脸庞、热情而强大的内心，凡事正面思考、乐观面对未来。好奇心与敢于尝试的精神使她的视野与能力不断地拓展与提高。

初入高中时，她评价自己一度比较懒散，但是因为父亲的一句话，她开始重新规划自己的学习和生活。

> **Q:** 作为被知名高校录取的准留学生，有哪些经验可以跟大家分享？

A: 相比自己身边的"学霸"，我可能算是最平凡的一个。但在申请季（尤其是后申请季），在等待 waitlist（候补名单）方面可以给大家一些建议，因为我是在 5 月 4 日取得 Emory University（埃默里大学）waitlist offer（候补录取通知）的；在此之前，我申请的最好的学校莫过于 USC（南加州大学）。值得庆幸的是，我是被自己喜欢的专业（计算机科学）录取的。

关于如何从 waitlist 转正，可以说是个"玄学问题"，但更是一个该不该坚持等下去的问题。准确来讲，我是从 ED/EA 阶段到后申请季一直选择"继续等待"的人：从 REA（Restrictive Early Action，限制性提前录取）等 Princeton University（普林斯顿大学）的 defer（推迟审理），再到后申请季等埃默里大学、南加州大学以及西北大学的 waitlist。在等待 waitlist 的过程中，我一共给这三所大学发了 8 封 love letter。

（1）告诉学校"我很喜欢你"。
（2）详谈自己专业方面的规划。
（3）详谈我一直坚持做的义工活动以及未来如何发展。
（4）阐述我去夏威夷实习的相关事宜。
（5）描述学校和自己的联系，而且尽可能避开以前写过的内容。
（6）写了一份自己独立开发软件的计划书。

我一直认为埃默里大学是看我那么真诚，所以被打动了。当然，写 love letter 也并不是写得多就有用的，要写到点子上，不然 love letter 就会变成骚扰信。总之，对于申请季，"坚持下去"很重要。

> **Q:** 从自身谈谈中学生如何才能实现全面发展？

A: 最主要是坚持自己长期养成的好习惯，比如坚持跑步（锻炼）、学会规划时间、总结，以及收敛自己的懒惰。

坚持锻炼除了让我在高一、高二两年运动会中取得好的名次以外，最大的好处是使自己精力充沛，以良好的状态面对每天的学习。

要有自己的时间规划。我是从高一的时候每天写任务列表，高二时有明确的时间分析表，高三时更是采用周计划、月计划告诉自己每时每刻的任务，细化时间。

及时收敛懒惰很重要。我在高一足足懒了一整年，别人努力背单词的时候我选择多睡一会儿，别人考完托福了我还在"神游"。高一下学期爸爸提醒了我一句"你好像还没有初中时努力啊"，那时我开始意识到我已经颓废太久了。

于是我开始重新调整自己准备战斗。从那以后，我就经常写"自我激励"的话语。

Q：在校这几年参加过社团吗？

A： 在深中的三年，我担任过校学生会活动部部长一职，同时参与外联部的重要工作。

在担任活动部部长期间，一次会议上，我向前任校长赵立提议了有关校园足球的想法并得到了落实。

在我担任部长的时候，我参与了整个学生会开展的第一届深圳中学峰会。学生会的工作不仅锻炼了我的语言组织能力，而且提高了我的领导力。这里的领导力不仅仅是指挥成员，更重要的是学会把自己的经历和工作体验传授给活动部的成员们。

同时，在高二这一年我还成为第十二届学长团的成员，与其他59位成员一起引导学弟学妹适应高中生活，传承深中文化。在学长团工作的一年是对我改变最大的一年。

最初知道自己奇迹般地入选时，我还有些不敢相信，但更多的是告诉自己"既然被选择，那就努力做好"。

因此，我给自己的标签一直是"正能量"和"小天使"，希望通过自己的乐观向上让其他小伙伴感受到快乐和温暖。加入学长团，让我学会如何设身处地为他人着想，如何更加热情地帮助身边的每一个人，这也让我感受到沟通的重要性。

虽然同时参加两个学生组织会让我有时忙得不可开交，但我依旧能感受到快乐，可以说这也是对自己的一种锻炼和提高，督促自己更好地规划生活。

Q: 深中三年你感觉自己有哪些方面的改变？

A: 高中三年，主要是性格的变化以及为人处世能力的提高。

在进入深中以前，我认为自己并不是一个善于表达和交流的人，而来到深中以后，我发现身边有很多包容我的老师和同学，引导我适应高中生活的学长学姐。

深中的气氛、深中的人都让我很好地融入了新的学习生活环境，让我从不善言辞变得阳光开朗。

关于"为人处世能力的提高"，一是在于深中是个要靠自助自觉的地方；二是在高中面对的许多事情都需要坚持；三是参加社团让自己能更加设身处地地为别人着想。

Q: 当初为什么选择来到深中，她最吸引你的地方是什么？

A: 初一时就定了考深中的目标，而真正认识深中是在2014年的深中自主招生。当时听学长学姐分享深中的自由、多元、包容、开放的氛围，很向往这个能够让自己得到发展的地方。

Q: 在深中，你最喜欢做的事情是什么？

A: 在深中，最喜欢且最主要的事情就是拿着自己的手账本，除了每天规划自己的时间和任务以外，就是把每天在学校发生的有趣的事情记下来。不管是活动方面还是学术方面，必要时还会把重要的照片打印贴在本子里。

虽说"人不能总停留在过去"，但我认为生活中有意义的事情还是有必要记下来的，因为这里的人和事都值得留念和反思，也是我的人生轨迹中不可磨灭的一部分。

Q: 深中三年最让你难忘的事情是什么？

A: 那是担任学长团成员期间，在圣诞节给自己带班的学弟学妹所在班级布置场地，半夜待在学校不走偷偷送礼物，以及站在校门口与另外两位搭档给学弟学妹唱歌送祝福的事。难忘并不是因为我在这个过程中付出了多少，而是在这之后能够收到来自学弟学妹的感谢和祝福，甚至会收到令人惊喜的礼物。

深中是个大家庭，在这个大家庭里，会有人细心负责，会有人默默付出，会有人在自己需要的时候及时出现，让别人感受到温暖，这是我以前从未有过的感受。

Q：高中三年比较遗憾的事情是什么？

A： 高中三年遗憾的事情应该是没能把握好高一的时间提前着手准备标化考试，导致我在高二的一整年都处于紧追猛赶的状态，以致没能在自己未来感兴趣的专业方面做更多有意义的活动。

Q：毕业之际，最想对学弟学妹们说的一句话是什么？

A： 有些事情不能等，比如规划；有些事情可以等，比如offer。但归根结底都是要有一颗积极向上且正能量的心。

第一章 自我探索篇——海外名校青睐之因

深中学子 | 黄铭熙

珍惜在学校的每一天

黄铭熙，被康奈尔大学、南加州大学、波士顿学院、加州大学欧文分校、加州大学圣地亚哥分校、北卡罗来纳大学教堂山分校等知名大学录取。

黄铭熙同学对任何人和事的观点、做法都能积极从正面看待，遇到挫折能够妥善处理，并能自我反思做出调整。

Q: 作为被世界知名高校录取的准留学生,有哪些经验可以跟大家分享?

A: 在康奈尔大学 RD(普通申请)轮出结果之前,我几乎都不抱希望了,毕竟 ED(提前申请)的时候被 defer,而且转正的概率很低,能被康奈尔大学录取应该算是意外惊喜。

除了高兴就是有点压力,毕竟是常春藤学校,不知道自己能不能适应高强度的大学生活。但总的来说,这是自己这三年努力的最好的结果了,也心满意足了。

要说经验,大概就是脚踏实地走完申请季里的每一步,不要怀疑自己做的事情,只要你在做,就是在为未来积累经验,总有一天能够用得上。凡事不要以对申请有用或者没用为标准,要坚持自己的想法,认真完整地把事情做好,无论结果如何。

另外,申请季心态很重要,不要因为别人申请结果的好坏打乱了自己的节奏。我 ED 被 defer 之后就立马抛开杂念把每篇文书写好,注意申请的细节,心里想着三年的努力不就是为了申请的这几个月嘛,所以一定要把这最后一仗打得漂亮再结束,必须善始善终才算对得起自己。

Q: 当初为何选择来到深中?

A: 报考深中的原因其实很简单,因为我初中就读的学校规模比较小,而且深中是我心目中深圳最好的高中,所以想在这里试试自己的实力以及和深圳的其他同学相比到底如何。

三年下来我发现身边的同学确实都是一群"学霸",在这种氛围里总是不由自主地为了不被他们落下太多而好好努力。另外就是深中的自由,自由使用手机是其中一个小的方面,主要是各种各样的比赛、课程、活动可以按照自己的兴趣选择参加。

但最吸引我的地方还是深中的同学们,我特别享受和他们待在一起的感觉,十分放松、亲切。他们可以和你一起玩得很兴奋,同时在某些方面又可以取得各种了不起的成就,不知不觉中就会被他们影响,自己也想要变得更优秀。

在这种惊叹和欢声笑语中度过的三年是我人生中最难忘的三年。

Q：高中这几年，你眼中的深中有什么特点和变化？

A： 高一最喜欢的小食堂和B栋虽然消失了，但新的成美楼建起来了，几年后等我们回来估计新楼也就建好了，深中会更大、更漂亮！

在我看来，深中最与众不同的地方是她不会干涉我们的选择和成长，而同时给我们提供比较好的机会和平台，让我们能向着自己的追求去努力，也能在竞争中不断挑战、提升自己，这是其他学校很难做到的。

Q：深中三年你感觉自己有哪些方面的改变？

A： 高一的时候，为了保持GPA，我把大部分的时间都花在学习上，参与的活动和比赛不多，也没有时间想自己到底想要做什么。结果看到同学们自豪地发朋友圈或者拿到了奖项，就会后悔自己没有珍惜机会。

所以高二、高三的时候，如果有摆在面前的机会，不管怎样我都会去试试，无论结果如何，但至少弄清楚自己对一件事情或者某一方面是否感兴趣，能否做好。

高中三年也拓宽了我的视野，不断意识到"天外有天、人外有人"，所以我们只要踏实做自己就好，只有把事情做到尽善尽美才能让自己不感到遗憾。总的来说，我自信成熟了许多，对自己也有了更深刻的认识。

Q：高中生如何实现全面发展，而不仅仅是应试方面？你有什么个人经验可以分享的？

A： 学校提供了超强的同学资源，学术上的问题只要问同学几乎都能得到满意的答案，申请学校和生活方面的问题，学长学姐和同届同学也可以提供很大的帮助，身边有很多榜样，所以不怕没有方向。

另外，校内校外都有很多活动、比赛，学校也给予学生空间，这些都可以积极参加，然后认真地去对待这些工作，提升自己除了学术以外的各种能力。

学习方法上，我觉得归纳总结很有必要，每次考前我都会好好地从课本、课堂笔记和做过的试卷中整理出一份笔记，对梳理思路和融会贯通帮助很大。

说是秘诀，似乎也没有什么特别的。成长过程中，我和父母关系一直很融洽，虽然他们工作繁忙，但一直都很支持我，不会太多干涉我的学习，也很尊重我的想法。他们会花心思去了解美国本科的申请，却很少干涉我的决定，总之一路上很感谢他们。

Q：在校这几年参加过社团吗？

A：社团活动主要是在高一、高二投入的精力比较多，其中收获最大的是在FOF商业实践社团，高一时除了上课几乎什么都不懂，经过几次社团课、几次宣讲会，还有几次模拟商赛，我的沟通组织能力、公共演讲、写策划案以及时间管理等能力都得到很大的锻炼。

高二时竞选成为副社长，在处理社团事务的过程中也对时间分配有更清晰的认识，变得更加自信，认识了很多志同道合的朋友。因此，参与社团活动不仅是提高能力的好方法，更是不断认识自我的机会。

Q：在深中，你最怀念的事情是什么？

A：在深中最怀念的时光就是，一放学和同学们一起打篮球或者踢足球，直到满身大汗回到宿舍冲完凉躺在床上放歌听的日子。

虽然有几次睡过头晚自习迟到，但那种匆忙现在想来也是难得的回忆。最喜欢高一时的宿舍生活了，晚上回宿舍练琴、聊天、唱歌，小测验前躲着宿管挑灯夜战，早起帮拿肠粉外卖的画面都历历在目。

Q：深中三年最让你难忘的事情是什么？

A：最难忘的人和事当属12届八单学长团的朋友们，以及从第一次带学弟学妹军训开始一直到现在的点点滴滴。

本来不熟悉的同学，在军训的前夜，为了第二天的破冰一切顺利，熬夜到3点钟开会排练，自那之后，我们就成了一个合作默契、密不可分的集体。

因为在学长团工作的关系，放学和周末学长团成员经常在一起开会聚餐，空闲了也会一起出去玩。尽管学业繁重，但和他们在一起就会觉得动力十足，非常欢悦。

从军训、生涯活动、骑单车郊游、换届到申请结束的寒假一起去日本旅

游,我们度过了两年非常快乐而难忘的时光。

Q: 高中三年比较遗憾的事情是什么?

A: 比较遗憾的事情是没有在很喜欢的AP世界史课上拿到A和5分,当时各种事情都堆在一起了,所以没有好好准备论文和考试。

希望将来到了大学能有机会完整深入地去学历史,弥补一下这个遗憾。

Q: 毕业之际,最想对学弟学妹们说什么?

A: 好好度过在深中的每一天,不要给自己留下遗憾就好!

深中学子 | 庄承瑾

街舞女孩的电影梦

庄承瑾，被纽约大学帝势艺术学院、普瑞特艺术学院和纽约视觉艺术学院电影专业录取。

张扬、矫健、富有朝气的庄承瑾豪放而又兼含艺术气质，充满活力与魅力，热心集体建设，敢于统筹领导，大胆、聪颖、果敢的特点使她在班级及各种团队学术竞赛中，成为人气很高的小领袖。她性格开朗乐观，领导力强，勇于接受挑战，相信所有的梦想都会一一实现。

> **Q：作为被世界知名高校录取的准留学生，有哪些经验可以跟大家分享？**

A： 最令我欣喜的并不是我去了一个排名多厉害或者就业机会多多的学校，而是我终于有机会到一个适合我的平台去发展自己，做我真正想做的事，完成我的个人使命。

拍摄电影是我至今做的最享受的事，我很感谢在校期间父母及老师的帮助，使我有机会实现我的梦想并且坚持在这条路上走下去。当然，我认为自己的努力也是功不可没的，没有明确的目标和想法我也迈不出这一步。

申请学校期间，心态决定一切。保持积极阳光的心态，理性地思考自己到底和这个学校"配不配得上"，这能让你用平和的心态去选择学校，同时对自己也有正确的评估。

如果申请过程中心态失衡、焦躁不安，总想着在这个时候"要和别人比较"或者"挑自己的刺"，那么在申请的时候就很容易发挥失常。

申请时每个人都会感受到压力，但是我在这个过程中寻找了多种疏解的方法，使得我在申请时明确知道自己在什么时间应该做什么事。最后才能有条不紊地将自己的计划进行下去，总体来说我在心态上受益无穷。

另外，申请季期间用心做事也是很重要的一点，其实这就是辅助心态的一个产物。用心学习、用心考试，不受别人干扰，做好自己，同时进行准确的自我评估。

到最后真正申请的时候，写文书和准备材料一定要"充分和用心"，这也是建议早准备的原因。

如果你对一所学校本身没有那么上心，只是为了"读书"而申请，那么结果也不会特别好，甚至被录取的可能性也会大大降低。

我在申请时很清楚地知道自己喜欢的是哪些学校，然后只做这几所学校的定向申请，每篇文书都是我在充分了解学校特色与我个人的基础上再起笔的；只有在我了解这个学校并对她感兴趣的基础上写出来的文书，才能让校方感受到我的诚意。

虽然这些看起来简单，但是申请过程中很多浮躁的人都难以做到。所以学弟学妹们把握好这个尺度，申请季还是能比较顺利地进行下去的。

Q：从个人角度看，你认为高中生如何才能实现全面发展？

A： 目光一定不能局限在短期内，而应该有长远的计划和目标。你的目标并不是这一次要考多少分，而应该知道考试的意义在哪里。

考试的意义在于确保你真的掌握了知识并且在实际生活中能加以运用，学会主动思考，并在未来有选择地运用在你想做的事情上。

如果产生了这样的想法，你就会发现应试只是你高中生活的一部分，还有很多东西需要你去学习，以便服务于你将来从事的行业，例如职业技能、人际交往能力等。

如果在高中时你没有这么明确的想法，就更应该尽可能地去尝试不一样的领域来寻找自己的爱好和擅长的地方。只要将眼光放长远了，我们才会明白全面发展的好处。

我一般习惯于在固定时间段里集中学习，长时间的学习不仅会消耗我的体力，而且会让我分散注意力，所以无用功能少做就少做。如果学习劲头上来了，多学一点也无妨。

我只在想学的时候学。强迫自己太多，效率可能会变得比较低，一定要在心理状态满足的时候集中学习，这是我个人比较特殊的学习心得。

成长中要学会逐渐独立，不要过度依赖别人，这样才能培养自己尽早适应大学生活，以一个成年人的态度对待自己。能自己解决的问题尽量自己搞定，这可以锻炼人，使人变得成熟且自信。

Q：高中几年时间参加过社团吗？

A： 我在高一的时候报过多达七个社团，但后来为了和学习协调退了一些，只参与了三个社团的活动，其中付出最多的是街舞社。

我在其中任TOP和街舞社社长一职，主要负责给喜欢街舞的同学组织课堂和表演活动，与学校合作参与各种节日表演，并组织学校代表队到校外参赛等。

我在这个社团投入了绝大部分精力，得到了许多锻炼。责任心在我心中变得很强烈，而且跳街舞使我爱上了舞台，变得更加自信。为了我的社团和舞蹈，我有了更多奉献精神，这些我觉得都是非常难得的价值。

另外，我也参加了先锋中学生国际联盟，前期在学术部帮忙撰写各种书

信,邀请全世界的优秀中学生们参与我们的中国学生论坛等。

后期担任学术顾问,用我的经历和经验给新来的学弟学妹们一些指导。严谨有序的社团工作锻炼了我的时间意识和抗压能力,使我知道应该怎样安排计划,我的英语书写能力也得到了极大的提高。

我也参与了咖啡屋的经营,不仅学会了奶茶、咖啡等的制作,而且学会了怎样推销新品,为我们的咖啡屋做营销,这点我甚至运用到了街舞社的宣传上。

每一项都是全新的挑战,而这也同样丰富了我的校园生活,使我能接触到更多不一样的人,视野变得宽广,包容心也得以增强。

我学会接纳不同人的意见并不断做出新的尝试和改变,这都是多姿多彩的活动所带给我的。总而言之,社团活动帮助我成为一个更加全面发展的学生。

Q: 当年为什么选择来到深中?

A: 来到深中以前,有个哥哥跟我说"去深中不用穿校服",从那个时候开始,我对深中就产生了兴趣。因为在深圳,我没有见过不穿校服的中学。

后来通过其他渠道多方面了解深中以后,我发现深中对于整个深圳甚至整个广东省而言都可以称为一所与众不同的学校。

学生可以在这里发挥一技之长,做优秀的领导者和改革者,他们的心声可以变成行动,这里所有人的发声都代表着他们已经拥有了成年人的思维和权利,所以我对深中非常心动,也想在这里完成自己的一番"事业"。

进入深中后,我被深中多姿多彩的活动深深地吸引了,无论是体育类、艺术类还是政治外交类,这里总有你可以参加的活动。每个人都有不同的光芒,这让我由衷地佩服。

在一所学术能力极强的学校,还能看到这么多富有特色的活动,让我深信深中人和深中在这块宝地上达成了完美的默契,深中在一代代深中人的努力下变得更加优秀。

Q: 三年过去了,你眼中的深中有什么变化?

A: 我觉得深中这三年的教育体系变得更加完善了,对于每个体系的划分和学术安排都有了更详尽的计划，使得学生们能够按部就班地在不同的体系里得到相应的发展。

我相信深中未来的发展一定能够更上一层楼。深中的特色除了丰富的社团活动之外，还有深中人的校园民主意识。大家在校园中有意识地营造良好的校园文化氛围，并赋予了一些值得我们骄傲的标签。

早期我在议事会的时候，可以看到很多人都在为建设更好的校园环境贡献自己的力量，这种自觉性、自主性、积极性是在别的学校看不到的，所以能成为深中的一员我感到非常荣幸。

Q：高中几年，你感觉自己有哪些改变？

A： 更加独立自主是最明显的变化。以前我还是听父母的话比较多，对于自己的爱好分析不够到位，目标也不明确，导致我和家长在沟通上产生了障碍，很难共同携手完成我的个人目标。

在高中时光里，无论是和同学们之间的接触，还是课堂上的活动，都随时随地在影响着我的内心，督促着我学会自主。

与诸多同学有过思想的交流和碰撞后，我也逐渐发展出自己的人生理念，并有了清晰、明确的梦想。最后我开始主动和父母沟通，反映我在高中的个人情况和想法，这使得我与父母之间的交流非常顺畅。

Q：在深中，你最喜欢做的事情是什么？

A： 我最喜欢和我的小伙伴们在街舞社跳舞的时光。每次组织表演都是我们克服各种困难的一个过程，在这个过程中，不仅舞技能得到增长，而且我们会为了一场表演考虑包括场地、服装等方方面面，团队合作总是能让我充满力量。

跳舞使我认识了更多的朋友，挥洒了我觉得值得的汗水，并让我更加自信和富有魅力，街舞使我受益无穷。

Q：深中三年最让你难忘的人是谁？

A： 我高三才认识戏剧老师 Lu An Keller，虽然认识得比较晚，但她对我有着深深的影响，可以说她是我在深中最难忘的老师。

虽然我很清楚自己喜欢电影，但是担心家里人反对，所以沟通一直不是很顺畅，这导致我在这方面很难获得支持和进步。

听说 Lu An Keller 是个非常善解人意而且愿意提供帮助的老师，加之她也有过类似的经验，于是我向她说了我的想法并希望她能帮助我学习到更多电影知识。没有想到 Lu An Keller 出乎意料的热情，向我介绍了各种电影专业优秀的学校，并告诉我应该坚持自己的梦想，积极地和父母沟通，走自己想走的道路。

她还给我推荐了大量的电影，跟我约每周四放学后单独去办公室跟她多上一节类似于电影辅导的课，专门为我制订了学习计划，她的热心使我非常感动。

课外，她也经常关注我的情况，时常叫我把写过的文章给她阅读批改，甚至对我的升学申请比我自己还紧张！不得不说，她真是一个值得认识的好老师。

我在课堂上也见识了她的风采，可以看得出来她非常喜欢戏剧，所以讲课时就像演戏一样夸张地跌打滚爬感染着整个课堂，从她身上我看到了榜样的力量，坚定了我的梦想。我很感激 Lu An Keller，她使我梦想成真。

Q： 这几年有比较遗憾的事情吗？

A： 从目前来说，我达到了短期的目标，没有什么遗憾。如果人总活在遗憾中，应该是很难迈出新的一步。所以无论结果如何，我都会努力做每一件事情，不会为我的选择后悔。

Q： 毕业之际，最想对学弟学妹们说什么？

A： 做好你自己，做你想做且深爱着的事情。每个人都是独一无二的自己，你应该永远感谢自己的存在。

深中学子 | 邓自宇

巧手调素琴，壮志欲安邦

邓自宇，被巴黎政治大学、伦敦政治经济学院、华威大学、纽约大学 Global Liberal Studies 项目等录取。

艺术素养与学术素养兼具，在同龄孩子中也是心智与理性突出的。自主学习与自我管理能力强，各学科成绩优异。她很关心学校和社会的公共事务，有正义感、责任心和独到的见解。她的优秀是全面的。

第一章　自我探索篇——海外名校青睐之因

> **Q：** 作为被世界名校录取的准留学生，有哪些经验跟大家分享？

A： 收到巴黎政治大学录取通知的时候当然是欣喜若狂，邮件刷新的时候直接从床上跳下来了。毕竟是自己心中的梦想学校，等待结果时内心一直很忐忑，最终有了令人开心的结果，不仅仅有"自己高中三年的努力获得了肯定"的满足感，更有"竟然可以在这所大学继续钻研喜欢的东西"的兴奋。

因为我同时申请了英、法、美三个国家的大学，所以申请经验不是非常有普遍参考价值。但无论申请什么样的大学，都需要注意以下两点：

其一，管理好时间。申请季的时间非常宝贵，需要仔细地规划，然后拿出毅力执行计划。文书写作、递交材料、填表、提交推荐信……都需要计划好时间。

其二，认真了解喜欢的大学。不要只是浏览官网首页，还可以从学校历史沿革、专业特色、师资力量、研究成果、社会活动、校园氛围甚至八卦逸闻等方面着手，一点一滴地了解喜欢的大学。这份真心的喜爱自然会流露在你的申请文书和面试中。

> **Q：** 当初为什么选择来到深中？

A： 当年报考深中的理由其实很简单，单纯慕"晒布岭的自由民主"之名而来。

如今，深中最吸引我的地方其实是这里的人。我一直觉得自己很幸运，遇到如此优秀而且有趣的同学和老师们。

深中非常包容，并没有给定一个"好学生"的模板，所以大家迥乎不同，尊重彼此的个性，我可以从不同的人身上学习到很多不同的东西。

> **Q：** 三年过去了，你眼中的深中有什么特点？

A： 三年前，为了"自由民主"来深中的时候，只是很幼稚地认为深中是个管得很宽松的地方。现在，我想这份"自由民主"其实是对学生的一份信任——信任我们为自己思考，为自己做决定，并为自己的决定负责的能力。

深中最与众不同之处是不把学生当"孩子"看。学校从行政、教学、校园文化上都很鼓励自主。

行政方面，我们有议事会、学生会、校长面对面，还有不定期召开的听证会；教学方面，深中学生有不少机会自己做研究性学习，参加高水平的学科竞赛，在社会上发起项目，等等。

Q：高中三年，你感觉自己有哪些方面的改变？

A：三年下来，我更加感受到自己的渺小。一方面，觉得自己学到的知识还只是皮毛，真正的学术仍然是仰之弥高，钻之弥坚；另一方面，我也渐渐认识到自己比起这届诸多"过海神仙"，仍然是差得远，实在没什么值得自满的资本。

除此之外，自己也变得更加有社会责任感。深中一直很注重培养学生关注社会、服务社会的意识和能力，我也从这份"注重培养"中获益良多。比起三年前，现在的我对自己的未来规划多了"经世济邦"这一项。

Q：从个人角度看，你认为高中生应该如何实现全面发展？

A：至少培养并坚持一个学业以外的爱好。

学习方法其实没什么特别之处，不外乎上课听讲然后记笔记，下课复习写作业，考试之前有计划地看书做题。但说起来容易，坚持做下去是最难的。

学习之外，我一直在坚持拉小提琴和跳芭蕾。到现在为止，这两项爱好我都坚持了快十四年。艺术上的爱好，也可以帮助我在精神上得到放松。

同时，在深中，我结交了不少志同道合的朋友，也触类旁通地对编曲、组乐队等非古典艺术产生了很大兴趣。

这两项爱好也很磨炼性格，毕竟持之以恒地练习，寻求进步是非常需要耐心和精益求精精神的。况且，它们对保持体能也很有帮助，小提琴和芭蕾对体力的要求不逊于许多运动项目，而在高强度的学习中有充足的体力实在是太重要了。

Q：在学校参加过社团吗？

A：三年下来坚持得最久的两个社团一个是"模联"（模拟联合国协

会），一个是室内乐社。

我在"模联"担任英文学术组的负责人，主要任务是给有意在英文方向发展的新社员讲授"模联"会议的基本规则，培训他们的英文文件写作和口语技能，以及有时给他们补充一些人文社科方面的知识。有需要的时候，会带队外出参加会议。每年的PPRDMUN（泛珠三角高中生模拟联合国大会），我会和每个学术部成员一起，负责相应的学术团队工作，比如确定议题，参与背景文件写作，修改学弟学妹的文件，等等。

在室内乐社，我一直担任首席小提琴手，高二的时候担任社长一职。室内乐社与"模联"不同，是个由爱好者维系的小社团，因此社长其实包揽了全部的行政工作。从每年的招新开始，社团注册、定场地、确定这学期的表演曲目、分配乐手、制订排练计划、监督跟进成员练习、指导排练到最后每学期固定音乐会的宣传，绝大部分都需要社长考虑并亲力亲为。

虽然这些任务拆开了都不算特别麻烦，但真的是一个人在同时做行政、公关和技术。从一个乐手的角度来说，室内乐练习也是很有意思的体验，并且对我很有帮助。作为首席，虽然大部分时间是音乐的主导，但长时期独奏的我也要学会倾听他人，配合他人，追求整体的美与和谐。

参加社团活动，最锻炼我的是时间管理和主动学习两方面的能力。很多人对参与社团的顾忌就是怕影响学习。但是身边有很多活生生的例子告诉我，社团和学业并不是鱼与熊掌不可兼得。每天安排出固定的时间分给学习和社团，再留出弹性的一个小时根据当天情况而定，实在不行就牺牲睡眠，不至于忙不过来。做好进度表，监督自己按部就班执行计划，不要拖延，大部分"时间不够用"的问题都会迎刃而解。

社团虽然会给新社员上基本的社团课，但想要把爱好玩得专业，还是要自己去学很多更深入的东西。在"模联"，为了开会，大家都会就这个议题把线上线下能找到的资源都翻遍，论文、图书、档案等都不在话下。

在室内乐社，为了担当指挥一职，我也要学习其他乐器的演奏技法特点，了解基本的指挥技巧，为了改谱还得学习编曲知识。

社团活动说到底都是因为爱好才参与的，所以不管是"模联"还是室内乐社，两年多的时间让我更加确定自己在国际关系和音乐这两个看似毫不相关领域的热情。在情怀之外，我还学到了各自专业上很多重要的东西，交到了值得真心相待的好朋友。

Q: 在深中,你最喜欢做的事情是什么?

A: 在深中书院自习。

Q: 高中三年比较遗憾的事情是什么?

A: 高二上学期太放松了,以致GPA分数暴跌。虽然后面两学期努力挽救,结果还不错,但申请的时候还是挺遗憾没有保持高一的4.2+,希望以后不要有"因为自己没尽力而后悔"的情况了。

Q: 毕业之际,最想对学弟学妹们说的一句话是什么?

A: 希望大家能把每一天都当成最后一天来珍惜,每一天都不要浪费,不要后悔,要对得起高中三年短暂的美好时光。

深中学子 | 杨若琳

学术与艺术，从来不是分岔路口

杨若琳，被加州大学伯克利分校、密歇根大学安娜堡分校、帕森斯设计学院（6.4万美元奖学金）等9所学校录取。

若琳是一个人缘很好、兴趣广泛的学生。她还是一个非常成熟、独立自主的学生，对于自己的未来也有着自己的规划。

Q：作为被世界名校录取的准留学生，有哪些经验跟大家分享？

A：收到录取结果的时候，觉得高中三年的努力是非常值得的。高一、高二的时候虽然一直说着申请，看着学长学姐的录取结果，但实际上对于大学申请还是没有很直观的感受。

到了高三申请季的时候，感觉就像是将三年来所有的经历用最吸引人的方式呈现出来。这个时候我就有机会一点点反思自己曾经的行为表现，重新审视自己，去思考自己有什么不足，应该如何改进。有时候，我会觉得申请过程远比结果本身更重要。

在申请学校方面，我有两点比较特殊：第一，我是用艺术做的申请；第二，我最终 off waitlist（从候补名单中被录取）了。我唯一从小坚持到大的爱好就是美术，当然我也很感激自己在学习美术的过程中碰到许多优秀的校内外老师，她们在训练我基本功的同时，也鼓励我多进行创作，而不是一味地模仿。

因此，在2016年暑假，我做了一本作品集来帮助申请，虽然很辛苦，但是我特别享受自己完成作品的过程。

在制作作品集的时候，我决定直接申请艺术类专业（非建筑），而非只将其作为一个特长展示。如此申请，我的目标院校就基本只有三类，一般来说，它们具有下表中所列的优点。

学校类型	优点	学校范例
纯艺术院校	艺术专业划分清晰；艺术学习程度深；艺术资源好；对学术要求不高，适合只想学艺术而无心学术的小伙伴；校友资源好	罗德岛设计学院、帕森斯设计学院、芝加哥艺术学院、普瑞特艺术学院、艺术中心等（学校各有特长专业）
大学（非建筑）	可以艺术与学术兼顾，局限性小；交友类型广泛；校内馆藏资源丰富	耶鲁大学、卡耐基-梅隆大学、密歇根大学安娜堡分校、加州大学洛杉矶分校等
文理学院	前两年不划分专业，因此可以受到更好的通识教育，同时也让自己有更多的时间思考自己的发展方向	贝茨学院、莎拉·劳伦斯学院等

我个人是将这三类院校都申请了，其中艺术学院每年录取情况比较稳定，基本上只要作品集足够好，就可以拿奖学金录取。

个人认为，如果是坚定学习艺术专业（尤其是非建筑／交互类设计），而且不太想继续钻研学术的小伙伴比较适合纯艺术类院校；如果想要艺术和学术兼顾的小伙伴适合大学、文理学院；如果想得到更好的通识教育，同时也让自己有更多的时间思考自己的发展方向，可以选择文理学院。

在waitlist方面，我觉得如果想off waitlist，其实有很多可以做的努力。当然这要有两个前提：第一，RD阶段的申请资料能够说服学校给你waitlist而不是完全拒绝；第二，此学校的waitlist比较有含金量（录取率0%或1%那种就算了，真的比较随缘）。

在这种情况下，小伙伴们首先应该重新详细地了解给你waitlist的学校，想清楚要不要等waitlist以及是否需要调整申请的专业等。

因为RD阶段需要在短时间内申请大量学校，所以对于大部分没有提早定好学校名单的小伙伴来说，对自己申请学校的了解是非常有限的，而waitlist这一个月（3—4月填写waitlist）的时间其实是一个很好的审视自己ED/RD申请的时间，这是一个重新了解各个学校是否适合自己的阶段。

同时，因为一般waitlist学校肯定不会像RD校那么多，所以小伙伴们在申请过程中可以更全面细致地填写材料文书，多征求别人的建议，梳理清楚逻辑，千万不要陈词滥调；在写文书的过程中尽量体现以前申请材料中没有体现过的方面，因为学校在waitlist候选人当中录取学生时会同时看到RD申请材料和waitlist补充材料。

就我个人而言，我的waitlist文书（也可以算是love letter）主要陈述了我在ED/RD申请过程中对自己的反思，对于自己想法的重新思考，以及思考之后得出的结论。基于对UCB（加州大学伯克利分校）的再了解，我进一步确信自己希望进入UCB。

此外，小伙伴们还可以提交ZeeMee等个人展示网站的链接，在这些网站中加入视频、图片等资料从而使得学校能够更加全面地了解你。在没有面试的情况下，类似这样的展示平台能够很好地促进学生和学校之间的互动。

总之，申请进一所好大学感觉像是得到了他人对自己努力的认可，感觉自己高中三年再累再辛苦也是值得的。

进入一所合适的大学同时也意味着在大学四年里你又比自己的大部分同龄人领先了一步，站在了一个更好的平台上，拥有更好的资源，但是怎么利用还是要自己努力，因为好大学并不意味着最终的成功。

同时，申请大学的过程是弥足珍贵的，这是一个促使你不断自我反思、规划未来的过程，这个过程有时候比结果本身更重要。

申请大学于我而言是一个重新认识自我的过程。同时，在申请的时候我会看到很多大学排名以外的东西，会了解申请大学其实是一个学生与学校相互了解、相互选择的过程。

被拒绝了不要一味地伤心或者抱怨，"为什么比自己差的人被录取了"，而应该好好思考一下自己的欠缺在哪里，自己是否真的适合这个学校。

ED被拒了还有RD，RD被拒了还有waitlist，waitlist被拒了还有转学。机会永远是有的，因此重要的是在失败之后认识问题并改进自己，在下一次抓住机会而非再次与其擦肩而过。（这是一个收了十几封拒绝信的学姐聊以自慰的想法）

Q：从个人角度谈谈，你认为高中生应该如何实现全面发展？

A：在学会分配时间的情况下保持自己的好奇心，勇于尝试。作为一个学生，学习与应试是每一个人都要经历并应该为之努力的，因此我认为学习是发展其他爱好的一个前提。而时间的规划与分配正是平衡课内学习与课外爱好的方式。

我是一个挺随性的人，不太喜欢把每一分钟的用途都规划好，但是会列出一个待完成的单子，以提醒自己还有多少需要完成的事情。在注意力不集中的时候，我习惯画几幅线稿、听听音乐，或是出去转一圈，这样既能保持清醒，又可以锻炼一下特长爱好。

课外的兴趣（美术）于我而言是一种很好的放松方式，同时，在不经意间我也学会了不少新的画法。在基本完成了课内学业的基础上，发展并探索自己的特长爱好，这是我一直坚持的原则。

Q: 在学校参加过社团吗？有什么收获？

A: 在深中三年，我最主要参加的社团是辩论社，另外还在羽毛球社和吉他社担任了闲职。作为辩论社的社长，我几乎一个人总揽了所有社团事务。辩论社并不是一个组织架构非常严谨的社团，因此在管理方面存在诸多问题。

很遗憾，我在任期内并没能改变这个现状，但是我成功地选出了极其优秀的下一届高层，并给她们留下了较大的发展空间。深圳辩论联盟以及深中国语辩论队的创立不仅使得辩论社在全市范围内拥有了联系网，而且也使得校方和同学们看到了辩论活动的巨大潜力。

在辩论社任职期间虽然很辛苦，但是极大地锻炼了自己与人交流的能力以及进行组织架构的能力。拥有这样一段经历也让我认识到：任何一个组织的成立和活动的开展是多么不容易；名声的建立是如此艰难，有时却又能因为一个环节的失误而被轻易摧毁。

我在组织活动期间有过许多失误，但万幸的是这些失误最终得以弥补。正是这一段波折的经历，使我更加成熟，也使我学会用严谨的态度对待每一个人和每一件事。

不过作为深中的学生，在组织全市范围辩论联盟时，我也享受了深中作为全市顶尖高中带来的极大便利：每当我报出深中的名号时，外校的老师和学生都对我们给予了极大信任，深大辩论队中深中的学长学姐也帮助我们联系了资深的学生评委。深中的名声以及校友资源都给辩论联盟的成立带来了极大帮助。

Q: 当年为什么选择来到深中？

A: 对深中最初的认识是因为邻居家的姐姐考进了深中，她一直对深中的学习氛围和提供给学生的发展平台赞不绝口。上初中以后，我的初中班主任是深中的狂热追随者，而且他现在也跳槽到深中当老师了。

因此，我一直觉得深中特别亲切，从小学到初中，我最常听到的高中的名字就是深中。后来，初二的时候我参加了深中游园会，对深中开放自由的校风有了更直观的了解，也更加喜欢这个能够让学生学到许多课外知识的学校。

深中最吸引我的是学校提供给学生的平台，作为全市乃至全国有名的高中，进入深中首先就意味着登上了一个能够与全国顶尖学子交流的平台。在深中，我有机会认识来自不同地方的优秀的同龄人，也因此意识到自己是多么渺小，而且有那么多比我优秀的人都比我更加努力。这也鞭策着我不可自视清高，要多看到自己的不足，向着更好的方向努力。

Q：高中三年，你感觉自己有哪些方面的改变？

A： 最大的改变是学会了自学和争取机会。高中不比初中和小学，需要学的知识量大了很多，所以老师在课堂中基本是在梳理逻辑而非详细地去讲解一个一个知识点。

因此，学生必须学会自学，而不是一味地把希望寄托在老师身上。此外，就像上一个问题中所提到的，学生要学会对自己负责，自己想要的机会要自己争取，没有人会把机会送到你面前。

Q：三年过去了，你眼中的深中有什么变化？

A： 各个体系之间的隔阂减少了，安保措施更严格了，施工工地变多了。

相较其他高中，深中最与众不同的特点是其自由的、近似大学的管理方式。我个人认为有些东西是"越抑制越想去做"的。

比如手机的使用，学校管得越严，学生对于使用手机就越执迷。在深中，学校是允许学生携带并且使用手机的，因此学生对于手机反而没有什么执念。

因此，在高考或申请完大学之后，不会有冲破牢笼、重获自由之类的感觉，而是能够很平静地完成自己从高中生到大学生之间的转变。

同时，深中从来不会逼迫学生参加什么活动或比赛，都是大家主动地踊跃报名。深中提供的是机会和信息，具体怎么争取则要靠学生自己，没有人会帮你去处理这些问题，学生要对自己负责。

Q：在深中，你最喜欢做什么事情？

A： 我很喜欢晚自习后去操场转一转。印象中深中一直是一个喧嚣热闹的地方，哪怕夜幕降临后也能见到不少学生在刻苦学习，唯独操场留给了大

家一个无人打扰的空间。

在夜色中没有人会刻意关注你在干什么，也鲜有人会前来打扰。跑步的人哪怕表情再狰狞也没有人知道，放空的人哪怕走个十圈八圈也没有人关注。教室是喧嚣的，宿舍也是几个人共享的，唯有操场的夜色让我感到宁静。

Q：在深中什么事情让你最难忘？

A： 在校内跟着一位德国画家Stephan Scherer学习美术的过程。刚开始上课的时候，我觉得他布置的绘画任务单调到匪夷所思：只用点和直线构建画面，这跟我从小接触到的美术教育大相径庭。

在开课前，我想着他可能会让我们从基本功开始练起，抑或是先用色彩来勾起学生的兴趣，却不想上手就是黑白。

但开始画之后，我理解了他的意图：点和线作为绘画的基本元素，其多样的组合完全可以构建出精美的画面；同时，以元素为题锻炼学生对于某一个特定形式的应用也在极大程度上教会了我从基础到复杂的画面构造过程。这让我看到了中外美术教育的区别，并使得我对美术有了更深刻的理解。

Q：高中三年比较遗憾的事情是什么？

A： 觉得自己没有利用好高中三年的时间。

我其实一直都没有找到自己未来的方向。在进深中之前，我就下决心一定要利用高中三年时间多接触一些领域，让自己能够更深入地了解未来的可能性，然后找到自己究竟想学什么样的专业，从事什么样的工作，成为什么样的人。

然而我并没有做到这一点。除了校内的各种课程以外，我并没有利用好自己的闲余时间来探索更多课外的事物，同时又没能将课内学业完成到令人满意的程度。能走到今天，我觉得自己很幸运，我认为自己付出的努力是远远不够的。

Q：毕业以前，最想对学弟学妹们说的一句话是什么？

A： 把握当下，保持谦虚，学会自强。

深中学子 | 吴曼宁

努力探索独一无二的人生

> 吴曼宁，拿到国外名校的13份offer。
>
> 曼宁是一个乐观向上的女孩，她的特点是韧劲足，爱刨根问底，乐于向老师、同学请教和相互切磋，各科成绩都很优秀。高中三年过去了，拒绝被标签化的她，变得越来越独立。

> **Q:** 被国外知名大学录取，有什么申请学校的经验可以分享？

A: 申请比高考冲刺时间长，至少要一年半。但对我来说，出国留学是一个无比正确的决定。

我学会了感恩身边的人，并且更全面地认识了自己和优秀的定义，也试图寻找自我存在的最终意义。

还记得收到第一封满意的录取信的时候，一个人在D栋负一楼的楼梯上走下来，自带背景音乐独舞一曲芭蕾，一瞬间感到所有的细节都忽然有了意义。后来冷静下来默默反思，我意识到过程更加重要，结果只是在漫长的人生中微不足道的一个时间点。申请的过程中大家都有了明显的成长，这就是我们最好的成人礼。这里给学弟学妹们一些建议。

首先，务必从高一就开始抓GPA！（敲黑板）深中是很有公信力的平台，深中GPA的效力不比美高差，绩点高的学生很占优势。

其次，深中的资源一定要充分利用。我一直认为，如果只是一个人学习，不参加社团没有人脉，和在家里学也没有太大区别。在选择社团、课外竞赛和活动的时候要注意，申请学校和自己的兴趣爱好是不冲突的，也只有真正喜欢的事情才可以坚持，在文书和面试中用"真实"打动招生官。

再次，早睡。真正的"学霸"不是一天想方设法学20小时，而是早睡早起，即使进行高强度脑力工作，也能高效率地神速进步。

最后，申请季重要的不仅仅是结果或总结，或是找到一个吸引招生官的闪亮的标签，而是努力探索自己独一无二的人生意义。

> **Q:** 听说你申请学校时强调参加社团的重要性，在深中你参加了什么社团？

A: 我是"模联"学术部的一员。很庆幸，"模联"把我从初中死记硬背的历史课本中解救了出来。

至今记得在D304大教室里，"模联"的高层充满热情、抑扬顿挫地对中东地区的详尽讲解。还有PPRDMUN时，和另外三个小伙伴主持加泰罗尼亚会场，我们四个成了很好的朋友，现在还会聚餐。

美式辩论社，锻炼了我的逻辑思维能力，拓宽了我的知识面和随机应变能力，也结交了一群来自五湖四海的优秀辩手。

心智助教，让我从心里感受到深中的温度，我身边的同学们是何等温暖善良，我也为能把这份爱传递给下一届学弟学妹们感到无比荣幸。

Q：看得出你从社团活动中收获很多，你认为高中生如何实现全面发展？

A：如果高中只会应试，那不就太可悲了吗？深中所有的学生都很聪明，都挺会应试的，但那不会给自身带来意义。幸运的是，深中人是全面发展的，这里有很好的资源，多到无论这三年如何设法利用，都会有遗憾。

多尝试，利用高一相对充裕的时间，好好规划作息。从社团入手，尝试无数种排列组合，差别越大越好，比如"街舞+数学建模+模联"，我觉得就很有意思。另外，就是走出学校，甚至可以在社区、深圳市、广东省组织活动。

只有想不到，没有做不到，还有"深中爸爸"的支持呢。

Q：感觉你对深中非常喜欢，当年是怎么选择来到深中的？

A：很简单，因为我想出国。当时我就知道深中的国际体系是全深圳最好的，出国体系比较成熟，尤其是公信力方面。另外，私人的原因是我更倾向于美国本科的通识教育，所以就放弃了深圳国际交流学院的录取。

Q：你认为深中最与众不同的特点是什么？

A：深中多元，三个体系汇聚了深圳最优秀的人才，采取不同的教学方法。学生有千奇百怪的兴趣和价值观，但都和睦相处，互相促进。而且深中是个很阳光、很有爱的地方，大家都很爱笑，很积极，互相帮助，有一种独特的深中公民意识。尤其是独特的学长团、学校活动中心、"模联"等社团，一代一代传承深中精神。再有就是校园民主、自由。不是简简单单的不穿校服和允许带手机，而是一种精神上的独立自主、热爱思考、不畏权威的风骨。

Q：高中三年，你感觉自己有哪些方面的改变？

A： 像所有真实世界的人一样，我很矛盾。一个人的时候沉浸在禅和数学哲学中，申请季时偷偷读敏感细腻的日本小说（不得不说那时心境更加纯粹），未来也妄想用数学改变世界。闲着没事干的时候，我总是纠结于自己的个性，担心文学柔弱的那一面会破坏理性的思考。

深中各种各样的同学让我意识到，我没有必要纠结是做一个理性的人好，还是感性的人好，而应该做一个全面的人，也就是我与自己和解啦！同时，由于同学们的关爱，让我内心期盼着有一天能强大到给越来越多的人带去关爱。

这三年，我试图探索自己存在的意义。最近一段日子，我越来越感到幸运，自己能够出生在这个时代，有更平等的环境去施展才华，留下存在的印记。

想做一个有自由意志的完整的人，趁着年轻做出不理智的决定，这才是一个自由、不受命运控制的不完美的人吧。于是，冥冥中觉得这样的自己也是可以用喜欢的应用数学改变世界的。

三年下来，越来越不怕独处。孤独的时候想想有几亿细胞陪着自己，悲观的时候用心理学解释——悲观的日子使人深刻，乐观时期的人更有创造力，就会感激当下的每时每刻，就会在失败后看到那不灭的希望。人活着就是为了那星星点点的希望。

Q：在深中，你最喜欢做什么事情？

A： 黄昏时去操场和小伙伴们跑步，坐在高台阶上写生；突然诗意大发凌晨五点起床去宿舍外背《逍遥游》；期中、期末前泡各种地方——图书馆、公共自习室、咖啡厅……

Q：深中三年最让你难忘的人是谁？

A： 我有一个很优秀的学姐，她是一个像风一样随心、温暖、浪漫的女孩。

会烤饼干给我们吃，会笑得甜到心里，会在我最失落的时候轻轻捡起我丢在地上的电脑，然后静静地陪我聊天，用自己独一无二的价值观赶走我所有的焦虑……我很感激她，让我学会从容、随心，学会热爱身边的人和事，让一切都自带法式滤镜。

Q：这几年有比较遗憾的事情吗？

A：B栋连带着记忆消失了……但是，遗憾也是完美青春的一部分，不是吗？或许是失去让我们更加珍惜当下。

Q：临毕业之际，最想对学弟学妹们说什么？

A：不管怎样过，这三年都是一种"浪费"，不如随心吧，让风带你飞。

第一章 自我探索篇——海外名校青睐之因

深中学子 | 赵轩

AP International Diploma （AP国际文凭） 获得者的成长史

赵轩，获得美国卫斯理安大学、南加州大学、加州大学洛杉矶分校、维克森林大学等15所名校的offer，并且获得玛卡莱斯特学院一年12500美元奖学金以及德国不来梅雅各布大学一年5000欧元奖学金。

赵轩同学是个有思想、敢创新的男孩，独立学习的能力很强，能够快速在陌生的领域落脚，把知识转化成自己的想法。凭借这一点，他在高二通过自学拿到AP英语语言与写作和AP德语5分（满分）的成绩，拿下了全国为数不多的AP国际文凭。

Q： 被世界名校录取，现在有什么感受？有什么申校经验可以分享的？

A： 现在感受更多的是一份期待，还有随之而来的紧张感。对我来说，最后选择Wesleyan（卫斯理安大学）这样一个选课相对自由的文理学院，一方面让我有了追随某些朦胧梦想的机会，另一方面也是一个很大的挑战。因为我作为一个一直在国内接受教育的学生，要去不断探索怎么把大学四年的生活转化成相对实质性的经验和能力。

对我来说，整个申请季是一个不断刷新自我认知的过程，最终明白要学会把自己从适应了很久的纯学术氛围中剥离出来，去脚踏实地地做一些事情，在这个过程中我学习到很多书本上没有的东西。

我对自己将来的期待，大概就是能够平衡好认真读书以及大胆做事两者的关系：一方面从阅读中变得更加成熟；另一方面不断尝试自己不熟悉的事情，把自己幼稚的一面变得成熟起来。

申请学校方面，我想跟大家分享以下三点：一是文书要尽早准备。因为在我看来，读文书和改文书有一个从"量变"到"质变"的过程。二是尽量多找一些人，听听他们的想法。如果对自己没有自信，不要寻求中介或者某个人单一的帮助，兼听则明。三是不用太纠结于复刻成功的申请例子。大部分建议和指导的目的是让你少犯错误，至于什么是最适合你的那一篇文书还是要看自己平时的积累。

Q： 当初为什么选择来到深中？她的什么特点最吸引你？

A： 当初特别向往深中自由民主的学术和生活氛围，希望除了学术外，自己在高中有更多的收获。

深中有着全市最优秀的国际体系以及最出色的老师和同学，而且我觉得在深中可以不受多余的条条框框的影响，最大限度地去探索，并成为自己想要成为的那个人。

深中最与众不同的一点应该就是她可以包容和不断鼓励同学们继续着他们的与众不同。即便深中某些地方并不完美，但依然不影响我们对她的喜爱。

第一章　自我探索篇——海外名校青睐之因

Q: 三年过去了，你眼中的深中有什么变化？

A: 这个问题我更想讲的是关于深中没有变的地方。我觉得深中没有变的就是，在每一届都有很多非常有自己想法的同学，在深中朝着他们的梦想努力，与此同时改变着深中。

Q: 高中三年，你感觉自己有什么变化？

A: 在国际体系能够相对自由地选择想要学的AP课程，这也让我敢于尝试涉猎一些全新的科目。

刚进深中的时候，我对国际体系和出国方向了解得很少，一直觉得高中就是一个更难更累的初中。不过，深中给我们提供了发展的多样性，让我开始真正走出自己的世界去认识其他的一些可能性。

在国际体系的这三年里，有机会选到像AP艺术史、AP文学这样的课，而且能够结识一大批对外国的文化、电影、历史有着深入研究的同学和老师，还能近距离地感受他们不同的生活方式和生活态度，真的让我获益匪浅。

Q: 你认为高中生如何实现全面发展？

A: 我觉得很重要的一点是不要把"全面发展"解读得太狭隘，强求自己在什么方面都要和别人比较。对我来说，"全面发展"更像是一种针对自己兴趣的真情流露。

高一的时候我认识一位同学，给我的印象真的可以用"才华横溢"来形容，在文科、理科、体育、音乐方面，他都很优秀。然而他真正让我钦佩的一点是在高中他找到自己在计算机方面的兴趣，为之投入大量时间，并愿意放弃很多，真正给人一种做学问就像玩游戏的感染力。

我觉得全面发展的意义其实是让大家彼此之间不要用一种简单的"贴标签"的方式去定义一个人，不要毕业后再见面只记得"码农""文青"这样的印象，而是更加客观和谦虚地去了解他人。

Q: 在深中三年，参加过社团吗？社团带给你什么收获？

A: 这里想讲讲在高一的时候参加Visionary梦想家杂志社的经历。当时我在编辑部当一个普通的社员，但Visionary梦想家杂志社是我最想参加的一个社团。从对英文写作一点概念都没有开始，我每一期的约稿都会花大量的时间去写，一个句子一个句子往外挤，写完了再花时间去修改自己的文章。直到最后，社团开始不断采用我的文章，而且我还跟几个同样是高一的同学开始负责修改别人的文章。在 Visionary 梦想家杂志社的工作让我能够很好地静下心来做一件事情，没什么顾虑，不会想自己的水平是否够或者会不会有人喜欢我的文章，当时的经历对我现在选择学习的方向也有挺大的影响。

Q：深中三年最让你难忘的人是谁？

A： 最让我难忘的人是我高二的 AP 艺术史老师 Lu An Keller。她是一个特立独行的人，据说在美国读过七所大学，在印度和日本共生活过12年，生活经历极其丰富，对戏剧和人文课程有着极大的兴趣。

她讲课的时候从不局限于考试大纲所要求掌握的内容，而是从普普通通的观察者角度出发，在课堂上用自己独特的方式让我们体会到艺术是怎样一种高明的传递情感的方法，以及引导我们对各时代的艺术作品产生兴趣，从而去了解那个时代的精神面貌。

她用自己的言传身教让我体会到人文教育和人文主义精神，以及一个真正"投身于艺术"的人能够在多大程度上改变自己的生活，并且利用这种气质影响别人。当时她跟我讲我论文中写到的一张描写大萧条时期一位母亲的照片，看得她热泪盈眶，更是让我感受到了生活中美的东西对于热爱艺术的人的独特感染力。

Q：高中三年比较遗憾的事情是什么？

A： 由于高一结束后去德国交换的缘故，高一和高二的社团活动中间有一个断层，没能够深入地去做一个活动，到高二回来，相比其他同学少了一部分持之以恒，没能看到自己从加入社团直到改变社团的可能性。这是我高中时很大的一个遗憾。

Q：临毕业之际，最想对学弟学妹们说的一句话是什么？

A： 不耻最后，即使慢，驰而不息，纵会落后，但一定可以达到你所向往的目标。

第一章 自我探索篇——海外名校青睐之因

深中学子 | 花轶轩

为未来努力并快乐着

花轶轩，被加州大学伯克利分校、加州大学洛杉矶分校、波士顿学院等学校录取。

花轶轩同学勤于思考，意志坚定，知道自己要什么，默默地坚持做自己喜欢并且认为值得去做的事情，对自己和生活有明确的规划。

Q: 被国际知名大学录取,有什么申请经验可以分享吗?

A: 我认为国际体系的每个同学都非常独特,能和这群人在一起学习我感到收益良多。

虽然录取结果有惊喜,也有失望,但是大家都十分优秀。在这里和大家分享一点我的经验。

首先,提早规划。我中考结束后才决定要出国读大学,也是在高一才开始接触托福和SAT等考试的。现在回想起来,如果初中就决定出国,就可以提早一些准备出国所需的考试和活动,这样在高中就会更加从容。

其次,提早规划不代表心急。托福和SAT考试都需要英语的积累。一味刷题而不注重打牢基础并不是非常高效的提分方式,应该在空闲的时候通过多看英文原著、多听英文公开课等方式来练习英语。这里推荐一个我在去美国交换前用过的Aboboo软件,因为担心在美国听不懂老师讲课用过一段时间,对我有不少帮助。

总之,我认为切实提高英语能力,而不是刷TPO和真题,才能最有效地提高标化考试成绩。

Q: 你认为高中生如何实现全面发展?

A: 我习惯把所有事情按照重要性和紧迫性分类,先做重要且紧急的事情,不管自己有多不想做这些事情。高三写文书很让人头疼,有时候坐在书桌前,我会想,要不我先看点英文课外书,练练英语,先不写文书。但试过几次之后我发现,往往书没看进去多少,心里还一直为文书着急。在申请季,看英文课外书是重要而不那么紧急的事情,而写文书是重要且非常紧急的事情。于是,我开始逼自己一坐下就开始写文书。开始半小时真是痛苦,但是慢慢进入状态之后,写作就比较流畅了。

Q: 在深中参加过社团吗?给你带来什么收获?

A: 我从初一开始六年一直在学校管乐团。高一参加了学生活动中心,在策划游园会和校园十大歌手比赛期间分别负责公关和舞台策划的工作。高一结束后去美国交换了一年。回来后担任生涯规划助教和学校TEDx社团社长,并和几个朋友组建了一个爵士乐团。

学生活动中心对我的影响尤为深刻。还记得在游园会前的某一天，我有些发烧，但上完课后仍然坚持组织大家在天井开会，从 4 点 50 分一直开到 6 点 30 分。之后两个晚自习都在忙着和赞助商签订合同，其间抽空写完了作业，还在晚自习休息期间和同学拿着海报去国际体系三个年级走班宣传。但宣传效果不佳，挨了学长学姐的"骂"。

当时急匆匆赶回教室，教室里已经一个人都没有了。我当时靠在椅子上，突然感到非常难受，觉得自己好像什么都做不好。然而，熬过那几个星期，游园会最终举办得非常成功。回过头来看，公关组长的经历提高了我的沟通能力和管理能力，也让我看清了自己在领导和处事方面的一些缺点，并能在之后管理其他社团的时候进行改善，这个经历于我而言十分宝贵。

Q：当初为什么选择来到深圳中学读高中？

A：我初中就读于深圳中学初中部，在初中参加了团委、管乐团等组织，去欧洲表演过，还去厦门参加了全国艺展。我喜欢丰富的中学生活，而不是单调的学习。深中一直以其独特的社团文化闻名，这是我选择深中高中部最重要的原因。

Q：三年高中生涯，你感觉自己有哪些方面的改变？

A：高一刚入学时，在我连托福单词都还背不下来的时候，看到天天玩游戏的同学开始背 SAT 甚至 GRE 单词。当时感到十分焦虑和沮丧，不清楚为什么自己已经非常努力，但还是与别人相差甚远。去美国交换的一年让我意识到，他人光鲜的背后一定有着我看不到的努力。

如果自己的起点已经落后于他人，与其抱怨，还不如加倍努力。因此，在高二、高三的时候，尽管我羡慕那些天天打游戏、看美剧，成绩仍然很好的人，但我知道自己更适合踏实地学习。心态的转变也让我更加踏实地去学习和做活动。

Q：六年时间过去了，你眼中的深中有什么变化？

A：在我刚进深中的时候，学校里还没几只猫，但是现在可以看到各种花色、品种的校猫在路上逛。从前段时间针对是否治疗一只校猫开听证会，到一些同学自愿为校猫喂食、上药，我看到学弟学妹会发声捍卫自己的观点，并懂得对自己的行为负责，这是深中的学生与其他一些学校高中生不同的地方。

Q：在深中，你最喜欢做的事情是什么？

A：最喜欢穿着短袖短裤和跑鞋，挂着白色的耳机在学校的操场上跑步。

Q：深中三年最让你难忘的人是谁？

A：我最难忘的是高一时候的班主任陈曦老师。初中时成绩不错，然而当我高一进入高手如云的深中时，学习压力变得非常大。我参加了一些喜欢的社团，在社团工作中我也看到许多比我能力更强的人，我开始经常怀疑自己。当时我们语文课每周都要写周记，有时我会将我的疑惑，或者对课堂学习内容的思考写在周记中，陈老师每次都会给予我很到位的回馈，以及很多鼓励和引导。

Q：高中三年比较遗憾的事情是什么？

A：高二的时候不懂得取舍，同时参加了TEDx和爵士乐团，并担任生涯规划助教。由于时间和精力有限，对自己在这些社团的表现都不是很满意，举办活动的效果也不是很理想，感觉非常遗憾。

作为助教也没有给予学弟学妹足够的关心和帮助，我感到挺对不起大家的。请学弟学妹记住，有时专注于一件事比同时做多件事更容易取得令人满意的结果。

Q：毕业前，最想对学弟学妹们说的一句话是什么？

A：只有当你在为未来努力，同时又能感受到当下的快乐时，效率才是最高的。

第一章 自我探索篇——海外名校青睐之因

深中学子 | 张馨月

学长团的时光最难忘

张馨月，被美国卫斯理安大学（Wesleyan University，文理学院"小三杰"之一，US News文理学院排名第22，福布斯综合排名第9）录取。

馨月，阳光、大气、美丽的深圳中学学长团总学姐，高二从实验体系转到二十一班，很快就适应了国际体系紧张的生活，找到了自己的节奏，成绩优秀，尤其在文科方面表现突出，对待时事和社会问题很有自己的见解。

采访张馨月是非常愉快的。她思路清晰而富于逻辑，说话如行云流水，却又异常缜密，甚至可以用滴水不漏来形容。所以，你提问时根本不需要引导，她就会给你很多惊喜。聊天时，她会非常有礼貌地看着你的眼睛，她的眼睛闪烁着光辉，温暖而坚定。

谈起自己放弃其他名校的直升机会而选择考深中，她说为自己当初的选择而骄傲；谈起高二时任学长团总学姐的那段时光，她脸上洋溢着幸福；而对未来，她已经有了清晰的规划。

Q：被国外知名大学录取，有什么申请学校的经验可以分享呢？

A： 相比其他同学，我申请学校有三个不一样的地方。

首先，我申请学校是DIY的，在申请过程中没有请中介。DIY申请过程中面临更多的压力和挑战，因为没有人来帮助你或者督促你做相关事情，很多时候需要自己为自己把关。你做的每一个选择，都需要为这个选择负责，比如选择专业，选择学校，还有写文书的过程，这是一种责任，但同时也是很好的锻炼自己的过程。我很感谢这段经历，它让我进行了深入的自我探索，也战胜了很多挑战。

其次，我在学校和专业的选择上比较小众，我选择去一所文理学院学习社会科学。卫斯理安大学在国内知名度可能没有那么高，但它拥有杰出的学术资源和校园氛围，学生与教授之间的关系非常紧密；文理学院博雅教育的传统也是我所倾心的，因为它更注重培养学生的批判性思维能力和"以不变应万变"的能力。

最后，最大的一点不同是我高二的时候才决定要出国，高一在实验体系高考方向，当时已经决定去文科班，后来经过深思熟虑后，做出了本科阶段出国的决定。虽然在实验体系和国内大学完成学业也会是很好的体验，但我希望去更广阔的天地里探索更多的可能性，过更加有挑战性的生活。

要说申请经验，我觉得主要是清楚自己想要做什么，然后坚持自己的想法，不要被同辈所影响。之前我也走过一些弯路，刚来国际体系的时候，觉得大家都很厉害，他们会参加诸多竞赛，于是我也会盲目地跟着去参加。

其实，现在看来，在美国大学的申请中，招生官希望了解每个学生身上

独一无二的地方，因此坚持自己的兴趣和最大限度发挥自身闪光点是很重要的。不一样的想法是很可贵的，而不是盲目跟从别人擅长的领域。

Q：你擅长文科还是理科？有什么比较好的学习方法？

A： 我感觉自己更擅长文科，对时政、社会和历史等方面比较感兴趣。

在学习的时间规划上，我觉得在每个阶段，你需要明确自己需要的是什么。尤其是对于出国这件事情来说，时间上是很紧迫的。像我这种高二才决定要出国的情况，相当于一年要做完别人两年甚至三年做完的事情，在这样的压力下就更需要明确自己每个时间段最主要的目标是什么。

比如，需要准备的标化考试，我高二的时候在一个时间段集中去备考，我会计划在某一个月主动冲托福或者SAT。这样的方法对我来说很实用，后来第一次考托福和SAT都取得了不错的成绩，为后来的申请节省了很多时间。

有些事情是需要长期积累的，比如活动和阅读、写作能力，而有些事情通过刷题和学习技巧短时间内就可以解决。我会比较在意这种时间规划，所以在面对一项任务的时候，我会去定义它的重要程度和紧急程度，以及是否需要长时间的投入。

比如，托福和SAT这类考试我觉得是需要长期的努力结合短期准备共同来完成的，长期是因为这类考试考的都是英语能力，需要日积月累的阅读和写作来提升"硬实力"。

当然，短期的备考方法和训练也是不可或缺的，但我觉得更重要的是能力的提高，只做题而不阅读，其实效果不会很明显，就更别说长远的实力提升了。

Q：对未来有哪些职业规划？

A： 我自己也没有完全想好，希望通过大学接受的博雅教育探索更多的可能性。现在我比较感兴趣的是社会科学方向，在本科阶段会利用好卫斯理安大学丰富的跨学科资源提高自己各方面的能力。

很多人说文科生在就业上比较吃亏，但我觉得通过社会科学学习可掌握的更多思维方法，将来在各行各业都是很宝贵的软实力。

本科毕业之后我可能去攻读研究生和JD（法学博士），也可能直接工作。因为我比较关注社会议题，所以我希望将来从事的工作能在除了满足个人物质需求之外，对于一些社会问题和不公正现象的改善做出一点微小的贡献。

Q：在学校加入社团了吗？有什么收获？

A： 我参加了不少社团，但是投入最大的是学长团，同时我也是第十二届学长团的总学姐。

学长团的工作主要是帮刚来到深中的学弟学妹们适应新生活。我刚来深中的时候，在实验体系，得到上一届学姐的很多照顾，高中以来的很多变化很大程度上都归功于学长团学姐的一些帮助。

刚进入深中，新的高中生活环境让我感觉到不适应，身边同学也很优秀，自己一度比较迷茫。

高一遇到问题的时候，带班学长学姐都会给我提供一些基于亲身经历的建议，也在我需要帮助的时候全力支持我。所以我在高一的时候就希望自己也能加入学长团，把这份爱与温暖传递下去。

在社团的收获太多了，其一便是组织能力和领导能力的提高，以及处理大场面的能力。

比如，在学长团的时候，要设计高一1000多人的入学教育活动，包括控场、主持；又比如临时去军训结营仪式上给高一的同学演讲；一些紧急状况下的应变能力，还有第一次去自己所带班级，面对50多个学弟学妹进行破冰活动，等等，这些走出"舒适区"的经历和作为学姐的责任，让我变得更加自信从容。

另外，在学长团的经历让我认识到"朋辈支持"的重要性，就像之前看到的一句话所说，"用一朵云去推动另一朵云，用一个灵魂去唤醒另一个灵魂"，我觉得很荣幸能够在学弟学妹的深中生活中扮演引路人的角色，在看到学弟学妹的成长时心里也感到特别欣慰和满足。

学长团是一个非常温暖的社团，社团的成员以自身的一些经验去帮助学弟学妹们完成高中生活重要节点的过渡和选择，如果用几个词来形容学长团，我认为是：传承、温暖、支持。

> **Q:** 在你成长过程中，父母对你有特别的培养方式吗？

A: 我爸妈平时对我算比较严格的，但是不管我做什么，他们都会支持。

小时候学乐器，爸妈看见我有兴趣，才会让我学，不会太逼迫我。他们看很多事情也许有一定的偏向性，但是在我上高中之后，他们对我一般都是大方向的引导，具体做什么都遵从我自己的意愿。

爸爸妈妈从小比较注意培养我各方面的兴趣，也让我有机会接触到很优质的教育资源，这点很感谢他们。比如，当时选择来深中，他们即使心里同样是偏向于深中的，但是他们说不管我做什么决定，他们都支持；还有文理分科，在他们心里觉得理科更好一些，比如就业机会等，但是我选择文科，他们也非常支持；在决定出国和申请学校的时候，他们会表达出一种态度："馨月到了一定的年龄，可以为自己的选择负责，所以申请学校更多是你自己的事情，但爸爸妈妈一直会支持你的决定。"

> **Q:** 当初为什么选择来到深中？

A: 其实我在初三之前都没有想过自己会来到深中，后来选择报考深中有一部分原因是跟父母有关。

父母有朋友的孩子是在深中就读的，从他们那里第一次了解到的深中情况让我大开眼界——原来高中还可以这样过。

后来我自己去看了深中的宣传册和宣传片，也与许多学长学姐聊过，感觉深中是一所具有包容性的学校。她会倾听学生的看法，各种各样的学生都可以在这里找到机会和舞台。

深中比较创新的教学方法和比其他学校更加前沿的学术资源也很吸引我。比如，国内方面与北京大学合办的大学先修课程，我高一上了"中国古代通史"，是一次特别棒的学术经历。当然还有丰富的学生社团和活动，还有入学前了解到学长团之类的组织，就觉得深中是一所"有温度"的学校。

我觉得起码在深圳，这样一所学校是独一无二的。在接受了9年应试教育之后，初三的我非常渴望来到深中这样的学校。

当时我在家备考，觉得学习缺乏动力的时候，就会打开深中的宣传片，看着宣传片就觉得在凤凰木下会有很多的可能性，我现在都记得其中有些画面是学生自己在天井开会，充满热情地举办各种活动等。

当时我就在想，说不定我也可以参加那些活动，也能享受那样的资源，去探索那些可能性……我看着看着就会感动到流泪，激励自己后，又埋头学习，后来参加中考就来到了深中。

Q：在深中最难忘的事情是什么？

A： 在深中最难忘的是在实验体系学长团的点点滴滴，现在想到的有三个小片段。

第一个小片段是带高一入学教育的时光。每天活动结束之后，学弟学妹们已经回到宿舍了。我们10多个学长团的人在宿舍熄灯之后，会坐在床上一起讨论自己一整天下来做得不足的地方。

我们会讨论一些细节问题，比如，3个同时带一个班的伙伴，观察到其中谁在某个细节没有处理好，我们要在第二天如何改进；观察到学弟学妹谁更内向一些，就会讨论给TA更多的关怀，让TA有更多的表现机会。

这样的小总结有时从晚上十一点到一两点，虽然累但是也非常开心，因为我们是一个团队，在帮助学弟学妹去适应深中生活，见证他们的成长，也看见自己的努力，这让我们觉得非常充实。

第二个小片段是竞选总学姐。进入学长团之后，会进行学长团的培训，然后竞选总学长和总学姐。

在那之前，我是完全没有想法要去竞选的，因为当时自己觉得能进学长团已经是非常大的惊喜了。

当老师说"现在要开始竞选总学长总学姐"的时候，我们班有一位同学就对我说："馨月，我觉得你很适合去当总学姐。"当时6个人围着我，说着我身上各种适合当总学姐的特质，让我非常感动。

最后在竞选时，几乎在最后一秒我才上台。当时可能在一个很短的时间做了一个决定，自己完全没有准备。现在想来，如果没有当时对学长团的热爱和一瞬间的勇气，也就没有后来的很多故事了。

第三个小片段是学长团的小伙伴们给我打电话过生日。

高二5月份我已经转到国际体系，那段时间学习非常紧张，学长团也在忙换届的事情。

生日那天晚上，我在家看书，接到一个同学的电话，她很严肃地对我

说："馨月，我们要讨论学长团第二次面试的事情。"然后又换了一个同学在电话里说："会议第一项：给馨月唱生日歌。"然后所有人都在电话那边给我唱歌，说了很多祝福的话，我心里特别感动。

我觉得在学长团的60个人之间，大家是没有任何隔阂的，我们之间的情感联结已经超越了只是社团工作性质的友谊，这种情谊让我非常珍惜。

Q：高中三年比较遗憾的事情是什么？

A： 对自己的生涯规划在高一的时候没有想得特别清楚，于是我做了一个非常仓促的"转国际"决定，当然现在看来，做这样的决定我没有后悔，最终的结果也比较满意，但是如果能重新来一次，我可能会在更早的时间就思考未来的道路。

因为在仓促之下做的决定，自己是需要为这种仓促买单的，后续会需要更多的追赶和努力。

Q：在深中最喜欢做的一件事情是什么？

A： 一时说不上最喜欢的事情，但深中有很多让我享受的小细节。

这里很多景色都很美：以前起床去上早自习的时候，踏上C栋前的台阶，阳光刚好洒下来……傍晚在C栋五楼看夕阳下的深圳，看KKMall和各大建筑物的轮廓，吹着晚风看操场上奔跑的身影，还有天空颜色的一点点变化……

高一、高二住校时，我基本不会想家，因为在这里的生活很开心。晚上睡觉前和舍友一边洗漱一边聊一天中发生的好玩的事情是特别放松的时光，我很荣幸在深中既能收获优质的学术体验，又能找到令我非常珍视的友谊。

Q：毕业之际，最想对学弟学妹们说的一句话是什么？

A： 对待深中生活中无限的可能性，不要害怕试错，因为只有在不断尝试的过程中才能发现自己真正的兴趣，而每一段经历都会成为财富。

深中学子 | 石俊杰

明白自己想要的未来

石俊杰，被莱斯大学、加州大学伯克利分校、加州大学洛杉矶分校、南加州大学、北卡罗来纳大学教堂山分校等学校录取。

帅帅的俊杰笑容阳光，是个沉稳自信的孩子。生活中他做事有条不紊，计划性很强。学业上他认真刻苦、一丝不苟，既有坚韧不拔的毅力，又有很强的自学能力。他积极参加各类课外活动，静静地享受着丰富多彩的高中生活。

Q: 作为被世界名校录取的准留学生，有哪些经验可以跟大家分享？

A: 我属于踏踏实实学习的学生，把学业放在第一位。现在回想起来，其实我还能在平衡校内学术和课外活动方面做得更好，参加更多的课外活动。

这其实也反映在我的录取结果上，录取的学校中大部分是公立学校。在我看来，私立学校非常看重学生的个性和品质，毕竟优秀的私立学校每年申请人数都非常多，而且大部分都取得了非常高的分数，对私立学校来说，申请人的成绩好已经不稀奇了。

在这种情况下，我们只有在取得优秀成绩的前提下，参加有特色的课外活动，写出展现自身独特品质的文书，才能在众多申请者中引起招生官的注意。

对于想进入公立学校就读的学生，由于公立学校比较注重课业表现，还是应该重点提高自己的GPA和标化成绩，并在课余时间进行适量的课外活动提升申请背景。这些仅是我申请季后的反思。

Q: 在深中三年参加社团了吗？

A: 初中的时候我很喜欢打篮球，进入深中后我便报名了篮球社。

最开始我是想学习成为一名裁判，学习过程中发现自己组织能力不错，也帮助社团组织了一些比赛，最后当选了新一任的社长。

我和其他高层一起组织了2016年的篮球星锐赛和2016年的"深中杯"篮球赛。组织每次比赛都需要很长的准备期，需要联系很多人参与，处理赛期的突发状况，等等，这些压力对我来说既是挑战也是机遇，在这个过程中，我的组织能力和沟通能力也因此得到锻炼。

Q: 当初为什么决定来到深中？她最吸引你的地方是什么？

A: 中考前我决定去美国读书，当时就听初中的年级长说深圳中学的出国班是深圳最好的，加上在深中官网上看到了出国方向历年的录取情况，又对比了一下其他学校的，就毅然决然地将深中填上了第一志愿。

来到深中后，我才发现深中学生所拥有的丰富机会远比录取结果更吸引我。作为一名深中学生，只要留意身边的海报，积极交流，在校内就能得到许多参加课外活动的机会。在一些学术竞赛举办前，学校都会贴出海报并提醒我们参加，也会组织队伍参加竞赛。

在深中，我们拥有"选择"的权利。我可以选择成为一名"学霸"，也可以选择成为一个社团的顶梁柱；我可以选择走上艺术的道路，也可以选择专攻竞赛。

深中学生从不被除自己以外的任何人定义，他们拥有选择和创造自己想要的生活的能力。

Q：高中三年，你感觉自己有哪些方面的改变？

A： 三年前，我并不清楚自己想要什么，也不清楚我学习是为了什么，像只受了惊吓的乌龟，缩在自己的壳里。

那时候，虽然我还是努力地学习，但学习纯粹是因为老师和父母给出的要求，只是认定努力学习是对的、是好的。在如此状态下学习，我偶尔会突然失去学习的动力。

以前经常有人说申请季是一个重新认识自我的过程，这真是亲身经历过申请季的人才能发出的感叹。

从选专业、选学校到构思文书，我终于有机会反思我一直以来的兴趣和目标是什么，我想成为什么样的人，我想要什么。

这些问题帮助我更加了解自己，也给予我学习的真正目的。我不再是为了家长或老师学习，而是为了我心中这些尚未实现的愿望，我知道只有努力才能实现这些愿望。

Q：在深中，你最喜欢做的事情是什么？

A： 高二的时候，由于学业繁重，每天睡眠时间都不充足，感觉能在昏昏欲睡时趴在桌子上小睡15分钟真是一件幸福的事情。醒来后似乎大脑重新充了电，又有精力继续学习了。

Q：毕业之际，最想对学弟学妹们说的一句话是什么？

A： 明白自己未来想要什么以及所需付出的努力。

第一章　自我探索篇——海外名校青睐之因

深中学子｜万力铭

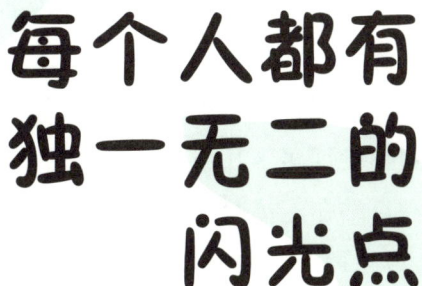

每个人都有独一无二的闪光点

万力铭，被美国西北大学录取。

德才兼备，才貌俱全，学术出色，为人谦和。力铭同学的文艺气质和睿智的心性像是天赋，还有似乎与生俱来的儒雅及正能量，超乎年龄的冷静、成熟和负责的态度，都给人足够的说服力。

> **Q:** 作为被世界名校录取的准留学生，在申请学校的时候有哪些经验可以跟大家分享？

A: 还记得去年12月15日早晨，与往常无异，坐着嘉年华名苑的单层梯下楼，掏出手机查看未读邮件时，一个陌生又熟悉的发件人姓名弹了出来：Northwestern University（西北大学）。霎时心里一怔，激动与期盼同时涌上心头，但转念一想又害怕希望彻底破灭的那种失落感，便收起了手机，在街边早餐铺买了几个包子，然后若无其事地向学校走去。教室门紧锁着，只好独自站在连接C、D两栋楼的天台上，心里惴惴不安。

后来，看到好朋友庄承瑾走过来，我小声说了一句："出了……"于是，在她的怂恿兼鼓励之下，我点开了西北大学的Portal（门户）。

看到开头的一个：Congratulations!

我先是愣了一下，然后尖叫了一声。对于这个我未曾奢望甚至觉得"受之有愧"的结果，我心中只有惊讶与感激。

说实话，我的申请季心路历程可能就像坐过山车，从暑假里参加夏校成功拿到《西北大学日报》（*Daily Northwestern*）的主编推荐信后的信心满满，到10月SAT失利时意识到自己标化成绩毫无竞争力的挫败感，再到出结果前的平静。

由于自己是个比较会自我规划的人，所以一切事情似乎都在沿着既定的轨迹运行，但是偶尔发生的小插曲随时又会将安排彻底打乱。

一个申请季下来，我觉得自己收获的最有价值的东西，不是Medill School of Journalism（梅迪尔新闻学院）那张无数人日思夜想的入场券，而是一个人的成长。

由于下一届的学弟学妹也即将步入申请季了，因此在这里就跟大家分享一些经验。

首先，希望你们做好心理准备，因为你们可能将面对一段自我怀疑、情绪低落、茶饭不思、熬夜"爆肝"的黑暗日子，你们一定要做到及时调整心理状态并且保持十足的毅力。

说实话，申请季的号角可能从高二升高三的那个暑假就吹响了。尽管很多人会把这两个月花费在标化最后冲刺或是文书头脑风暴上，但我觉得更重要的是安静地坐下来，在脑海里过一遍接下来半年你需要完成的事情，并制定一个大致的时间表，从而让自己明晰申请季的每一个时间点应该做什么事情，而不是像一个傀儡，生活在你的中介顾问的"反复催促"之下。

中介顾问固然有责任、有义务给予你适时的帮助，但是你仍然需要做主舵手，去面对困难，并学会尽力解决问题，而不是那个摔倒了只会号啕大哭的孩子。

换个角度来说，你的中介顾问可能同时负责很多个学生的申请事项，在有些问题上自然不可能面面俱到。这些时候，就需要你保持一个大局观念，以免手忙脚乱。

其次，申请季里的很多机会都是靠你自己的努力去争取的，所以积极主动的态度必不可少。举个例子来说，西北大学在最初申请阶段是不强制性要求申请者进行面试的，甚至在官网上有关ED面试的信息也少之又少。但是我觉得沟通能力是我的长处，而且我想向面试官证明我对于这所学校的热爱和兴趣，因此便发了好几封邮件给Admission Office（招生办公室），用礼貌的措辞询问大学能否为我提供一个Alumni Interview（校友面试）这种双向了解的机会。

最后的结果是，西北大学特地为我安排了一场深圳地区的校友面试，而且我面试完才得知，原来我是这个面试官华南地区唯一一个面试者，所以这可能也对我的申请有一定程度的加分。

最后，我想强调的是申请季时的心态，在前期尽力拼搏过以后，也不必太挂念或是担忧录取与否，尤其是对于ED阶段的学校。否则，只会让自己陷于已过去之事的泥潭里，拖慢了前进的脚步。

我在ED申请提交之后，采取了一个干脆利落的方式，"忘记"自己的心头之爱：我换掉了那个紫色"N"字背景的手机锁屏壁纸，换掉了用了半年的印有"Northwestern"的水杯，将西北大学招生办邮箱从"星标"联系人中删去，选择以一个"得之我幸、失之我命"的心态去应对RD的申请。

这样也帮助我更加平和地去对待随之而来的任务与挑战，所以我在ED结果出来之前也彻底完成了ED2的申请材料以及RD的大部分文书。

Q： 当初为什么选择报考深中？她最吸引你的地方是什么？

A： 当初选择深中不只是因为"不用穿校服"（毕竟我觉得深中校服挺

好看的），而是单纯因为深中活跃的社团文化以及所给予每个学生的创造可能的空间。

因为自己从小就是一个闲不住的人，也始终相信一个人成长的途径除了钻研课本知识外，还有对于生活的探索，所以也特别向往一个课外活动丰富多彩的学校。

与此同时，深圳中学老师新颖的教学理念，勇于探索创新的授课方式，以及对于发散性思维的强调也是其一大魅力所在。

Q：高中三年，你感觉自己有哪些方面的改变？

A： 因为深中给予学生"自主沉浮"的自由，所以我在高中三年的学习与生活中变得更加独立。从生活起居到重大事情的抉择，我都学会了将时间最大化利用从而合理规划安排自己的一切，并且也有能力在大场面中沉下心来，理性地分析事物的多面性以及可能产生结果的利弊。在学术方面，我也逐渐从"死读书"的机械化学习模式中抽离出来，懂得了交叉学科的知识获取方式以及批判性的思维方式。

学习不再是在课本的有限二维空间内的死记硬背，而更多的是主动寻找资源，学会"扬弃"，以及不断进行反思。

Q：你认为高中生应该如何实现全面发展？

A： 正如蒙田所说："好奇心驱赶我们把鼻子放在一切东西上面。"

如果我们在生活中对于周遭一切都失去了想要了解更多的兴趣，而只会"定早六点的闹钟摸黑起床，去小卖部买个蛋黄派和方便面，冲进教室打开百词斩背单词，等着7点40分上课铃打响然后疯狂记笔记，课间屁股从不离开座位，中午放学用最快的速度去饮水机前冲个泡面，牺牲午睡时间继续刷题，下午浑浑噩噩地上完三节课，放学后飞速去食堂打包个盒饭，回来一直刷题到晚习结束，回宿舍继续在被窝里挑灯夜读，凌晨发条负能量朋友圈……"，我不知道这样生活的意义在哪里。

有人可能会反驳说："如果现在不努力，怎么考个好大学，怎么找个好工作，怎么过上幸福的生活？"

那么，在我看来，你所幻想的"幸福生活"早在高中阶段就死了，你的

生活比《黑镜》里所构建的未来世界更可悲。

我虽然也会很在意学术上的成就，但并不把这看作我探索并热爱生活的绊脚石。

齐秦唱"外面的世界很精彩"，的确，故步自封只会导致鼠目寸光。相反，去尝试新鲜事物（当然，不是指铤而走险）的过程中，我们更能收获许多珍贵的经验与感悟。不要害怕迈出自己的舒适区，毕竟没有人是生来就对所有事务得心应手的；也不要害怕失败，因为挫折与打击正是进步的先决条件。

勇敢去尝试你所认为值得的事情吧，你的潜能正是这样被发掘的。

我喜欢听 Podcast 了解全世界各地所发生的新闻事件，也喜欢追 Billboard 的榜单动态以及滚石一针见血的乐评；喜欢在课余时间打球、录歌、练舞，也喜欢一个人踏上未知的旅途（但不见得我的学习成绩因此而遭遇"滑铁卢"啊）。

俗话说，"生活是你最好的导师"，我觉得培养兴趣也是一个人全方面发展的根本动力之一。

Q：在深中三年，参加过社团吗？

A： 说实话，我在深中三年，花在社团与课外活动上的时间可能远远超出花在学习上的时间。

我在深中接过了学长学姐传下来的担子，白手起家将一家学生公司（TH水果公司）发展成年收入过万的"JA全国学生公司第二名"获得者。也作为第十二届学长团的一员为学弟学妹的生活提供尽可能的帮助，担任风华子衿广播站的播音部部长与公关部部长，并拥有自己的周播节目。

与好朋友一起创立了绿冬艺术公益工作室，也成为八单羽毛球单队的一员，拼搏了两年的"单元杯"，担当两年的校园十大歌手决赛主持人，等等。

正是在这些社团工作的经历，让我认识了许许多多优秀的同龄人，锻炼了团队协作能力，同时也拓宽了自己的眼界。

举个例子吧：当初刚刚进入TH的时候我还只是个高一的毛头小子，却要硬着头皮拎着公文包，拿着花了整整一周晚自习时间写出来的三千字供货合同，踏上地铁前往草埔站与公司老板进行谈判。虽然踏进烟雾缭绕的办公室时，那一刻心里还是充满了恐惧与胆怯，但是一个小时的谈判最终以成功告终的时候心里真的充满了成就感。

Q：在深中，你最喜欢做的事情是什么？

A： 站在D204阶梯教室前面板着脸"训"社团的学弟学妹，然后开完会偷偷给他们发糖。（偷笑）

Q：这三年最让你难忘的事情是什么？

A： 我觉得深中最令我感动的就是学长团的文化。当初高一刚入学的时候，我特别不能适应高中的学习状态，承受不住周围高手如云给自己带来的巨大压力，常常感到失落沮丧。

但每次在崩溃边缘的时候，自己的带班学姐"yes"就会在晚自习结束后发一条微信鼓励我，告诉我不要太在意别人的看法，一步一步地走，坚持向前就会有收获。

那些微信的文字总是用手指用力一滑都滑不完，也在我最黑暗的时刻给予我努力奋斗的勇气。这种互助的理念也激励了我去竞选成为学长团的一分子。

我到现在都不会忘记学长团"一面"的结尾，学长问我："请问你还有什么想要补充的吗？"当时我回答说："能否成为'学长团'的一员对于我而言早已不重要，因为我已经获得了希冀已久的一个对曾经给予我无限帮助的学长学姐道谢的机会。我这次参加面试，完完全全是因为你们在过去一年所带给我的感动。无论是手写的生日祝福，还是负能量朋友圈下的一句句鼓励，你们所做的每一个看似微小的举动对于我来说都意味着太多。我这次参加面试，只是想告诉学长学姐，你们对我的帮助太多以至于'难以相报'，而我所能做的，也只有用自己的行动证明你们的行动所蕴含的意义。"

说罢，我热泪盈眶。

Q：高中三年有比较遗憾的事情吗？

A： 也没有什么太大的遗憾，毕竟这三年的每一个决定都是我在听取自己内心的声音后作出的。

既然如此，我也必须为这些决定可能产生的不利的后果负责。所以，无论结果好坏都没什么可后悔的。

Q： 毕业之际，最想对学弟学妹们说的一句话是什么？

A： 在深中的三年难免有见证"高手如云"时的自我怀疑，但是希望大家永远不要活在他人的期望或是阴影之下。每个人都有自己独一无二的闪光点，无须慕艳，无须多言。所以在这里就引用我最喜欢的歌手弗兰克·奥申（Frank Ocean）的一段歌词，送给大家：

"Don't try to be like someone else. Don't try to act like someone else. Be yourself.

Be secure with yourself. Rely and trust upon your own decisions, on your own beliefs."

深中学子 | 余钰琳

深中就像一个小小的纷繁世界

余钰琳，被弗吉尼亚大学、加州大学圣塔芭芭拉分校、加州大学欧文分校等8所国外名校录取。

钰琳是天然的小精灵、小宇宙，高一入学时就以阳光开朗的性格、睿智大方的魅力赢得了同学们的信任和欣赏，她追求自主的学习，自觉成长，参与了班级和学校的诸多公共事务，并能很理性地协调好学业与兴趣的时间安排，高中生涯活跃又精彩。

Q: 作为被世界名校录取的准留学生，在申请学校的过程中有哪些经验跟大家分享？

A: 3月23日早上八点，我照常点开邮箱，查看大学发来的录取结果。我看到了一封来自UVa（University of Virginia，弗吉尼亚大学）的邮件，我的心跳开始加速。我颤抖着手点开了邮件，学校的网速似乎故意让我更加紧张，我加载不出页面。我努力克制住自己，联上手机的热点，继续加载。当我看到"Congratulations!"的那一刻，我忐忑的心终于放松了。我的努力没有付诸东流。

关于经验：首先是一定要提前了解大学，做好选校规划。如果有机会去参观大学校园当然最好了，如果精力有限，大学的官网就是最好的资源，在那里你可以找到许多关于学校专业、活动、社团、研究等信息。

如果有认识的学长学姐在自己心仪的学校，也可以咨询他们的申请经验以及了解学校。对于学校，我也会上YouTube去看关于学校的一些视频，这样能够更加直观地看到校园的环境。

其次是参加社团活动。我没有参加什么大的活动，但是参加的基本上都是我喜欢的。对于要出国的同学来说，活动是十分重要的，但这并不意味着要特地选择一些高大上的社团活动。

如果是真的有能力，或者感兴趣、想要锻炼挑战自己，选择这样的活动很好，但是我不鼓励大家只是为了刷简历而去选择社团。

我一直相信，招生官希望看到的，是你喜欢一个东西，并为之不断地付出努力，然后学到有价值的东西。如果人人都参加一样的高大上的社团，那还有什么东西能够表现出你的个人特点呢？当社团活动被蒙上一层功利的纱，一切也就没那么有意义了。而且，做自己喜欢的活动，在写文书的时候会更有思路，更能表现出真实且优秀的自己。

最后是保持写日记的习惯。高中三年我断断续续地记录一些自己参加活动时的感受，这些素材在写文书的时候能够发挥很大的作用，给我提供很多写作的思路。

Q：你为什么会选择这所（类）大学？有没有确定自己将来要学习的专业？

A： 我最终选择的是弗吉尼亚大学。选择UVa的主要原因是这个学校的专业。UVa的文科和社科专业都特别好，自己将来也会学这些方面的专业。同时，UVa所在的夏洛茨维尔市是一个气候舒适并且宜居的城市，没有过多的商业气息，是一个很理想的学术之地。UVa距离华盛顿特区只有两个小时的车程，若是将来实习也会有比较多、比较好的资源。

目前我还没有确定专业，但大致方向是社会科学。小学和初中学校的自主学习模式给了我很多机会成为"小老师"，另外，在高中担任生涯规划助教的经历让我对教育有一定的兴趣，高三的选课也让我对心理学有一定的喜爱。到了大学，我会继续探索不同的专业并做出适合自己的选择。

Q：你比较擅长什么科目？有什么比较好的学习方法可以分享？

A： 我的GPA（4.30）算是比较高的，所以在校内课业方面我比较有经验。

首先是按时完成作业。老师布置的作业都是有计划的，能够加深自己对于知识点的理解，不会在考试前感到压力。

其次是做好笔记。老师上课强调的点往往是考点，如果不记录整理下来，那么短时记忆一下子就会消失，复习时也会无从下手。

我还觉得很重要的一个学习方法是跟老师沟通。在大学，教授都会有固定的office hour（办公时间）供学生去提问题，解答学生疑惑。

深中的老师也有office hour，因此在上学期间，老师是最方便、最好的资源。

当你问老师问题时，不仅可以解决自己的疑惑，提高学习成绩，还可以让老师更加了解学生的学习情况，从而改善授课计划。

与老师频繁地沟通会让老师更加了解你，这对于将来申请时找老师写推荐信也有帮助。

> **Q:** 父母在你的成长过程中给你最大的影响是什么？

A: 因为家庭原因，我从小是外公外婆带大的，母亲为了生计忙于工作。母亲是十分独立干练的女强人，虽然很多时候她能够陪伴我的时间只是一周中的一天，但每次她都会跟我讲她的故事和在工作上的一些经历，教育我要做一个独立自强、懂得感恩的人。

母亲对我更多的是潜移默化的影响，我从未见她抱怨生活的苦难，她总是将一切都安排得有条不紊。她从来没有刻意地去管我的学习，因为我自己总是能够做好时间规划。她也无条件地支持我的兴趣爱好（唱歌、跳舞），因为她相信我可以自己选择，并对自己的选择负责。

> **Q:** 参加学校社团了吗？从中有什么收获？

A: 我参加了V-music流行音乐社、Visionary梦想家杂志社、EGO心理社和街舞社，但是一直坚持至今的就是街舞社了。

我一直都喜欢跳舞，但是直到来了深中，我才遇到一个很好的平台和机会。街舞社为我打开了一扇大门，让我从不可能变成了可能。

高一的时候每个星期都有一节Jazz社团课，有专门的老师教我们舞蹈。一开始在街舞社的时候，自己是一个路人甲，跳舞不像其他人都有基础，每次跳舞都是站在后面，看不见镜子，这就更加学不好，因此常常感到挫败。

在学校有表演的时候我也是站在人群最后面，谁也看不见。但是，越是难受，越是自卑，我就越是苦练，越是不肯放弃，因为这是我热爱的东西。

到最后，我通过自己的努力成为TOP成员。高二的时候，作为学姐，我也会常常带学妹们练习基本功，耐心纠正她们的错误动作，跟着她们一起进步。

之后我还和其他的社员代表学校参加亚洲中学生嘻哈街舞大赛，并跟大家一起冲进了决赛。在这里，我不仅锻炼了舞技，也提高了人际交往的能力。我很感谢自己对于街舞的热爱以及自己的坚持，让我有小小的成就和大大的进步。无论是现在，还是以后，我都会一直跳下去。

> **Q:** 当初为什么选择来到深中？

A: 深中是我的第一志愿，中考的正常发挥也让我如愿以偿进入深中。

与深中结缘主要是因为夏宇洋学长，他当时因为被斯坦福大学录取成为某教育机构的讲座主讲人。因为他，我了解了深中的许多点滴，也从他的身上看到深中人的气质——独立、干练、自信，思想丰富。自那场讲座之后，我每天都会看一遍深中的宣传片，激励自己。

到了深中，我发现每个个体都有自己的闪亮之处，他们能自主发现和实现个人的潜能，成为最好的自己。所以，"就是它了，我的三年"。

Q：通过三年的学习，你感觉自己有什么变化？

A： 在深中的三年，我不再是一个书呆子了。

以前的我是整天都沉浸在课业中的人，一心准备应试。通过不懈的努力，我来到了深中，这个我无比向往的自由的学术殿堂。

深中就像是一个小小的纷繁世界——自由的氛围、丰富的学术活动和社团、各种各样优秀的人，这些都推着我去尝试新的并且是我喜欢的事物。

我许许多多的第一次留给了深中：第一次编剧、第一次演戏、第一次剪辑、第一次当助教、第一次卖杂志、第一次做通用、第一次做产品方案……

虽然有时候会犯错，在小组合作中也会有分歧和困难，但是慢慢地，我会把这些挫折当作宝贵的经验，并且不再过多地在意他人的看法。

在深中的三年，我变得更加完整。

Q：三年过去了，你觉得深中有什么变化？

A： 学校里猫多了很多，从 Helen 到 Hera 以及它们的子孙，校园内随处可见它们的身影。

它们从流浪猫慢慢变成了深中文化的一部分，同学们都关心爱护它们，甚至为了校猫的生存募款义卖，开听证会。

虽然这些看起来有点"兴师动众"，但学生们在给予校猫关怀的过程中提升了自主管理能力，并且培养了社会责任感。

这样的校园民主是深中独有的，也是宝贵的。

Q：最喜欢深中的哪一个地方？为什么？

A： 最喜欢的就是D栋负一楼，这是我除了教室待得最久的地方。

在这里，为了选TOP、"十大"、单元节、专场、体育嘉年华、街舞比赛，我练习过无数次舞蹈动作，挥洒过无数的汗水，也认识了一群志同道合的好朋友。

每每看着学弟学妹们从刚进街舞社的内敛到自信大方地跳出自己的舞步，我仿佛看到了自己在深中成长的一幕。

D栋负一楼是街舞社大家庭一届又一届的家，是我心中一个永远的归属地。

Q：高中几年有比较遗憾的事情吗？

A： 遗憾肯定是有的。首先是没有做好标化考试的规划，所以在申请季的时候会比较忙碌与焦虑，选学校也会受到一定的影响。

其次是自己没有怎么尝试学科竞赛。如果能够重来，我会更愿意试着踏出自己的舒适区，探索更多的未知。

Q：你对未来有规划或者想法吗？

A： 因为还没有确定专业，所以在大一、大二会尝试不同的课。

目前比较倾向的专业是心理学和教育学，我在大学也会多参加与这两个专业相关的课程和活动，以确定自己心仪的专业。

Q：毕业之际，最想对学弟学妹们说什么？

A： Take the sourest lemon that life has to offer and turn it into something resembling lemonade.

深中学子｜蔡韡婧

一个探索无限可能性的
随性女生

蔡韡婧，被香港科技大学录取。

蔡韡婧是那种非常有个性的女孩，自由披肩的长发，指甲上涂着她最爱的篮球运动员克里斯·保罗（Chris Paul）的名字以及他所在球队的简称。她思维严谨、格局开阔。她每学段的学科论文都着落在关乎价值与未来的大问题或敏感问题上，表达出真诚的关注和学者的良知，表达出同龄人不多见的思想深度和情怀。她不仅各学科学业优异，她的优秀还在于对待公共事务的认真和担当，其特质是坦荡纯粹，有正义感，有责任心，有目标，有勇气，有自己对问题的见解和办法。

Q：你被香港科技大学录取，有什么申请经验可以跟我们分享吗？

A： 我选择学校之前有做一些调查，提前了解学校是很重要的一部分。你一定要去了解什么是适合自己的，不要盲目地去跟从别人。国外其他学校我也申请过，之所以选择留在港科大，就是觉得这所学校适合我。我也咨询过一些学长学姐，他/她们告诉我这个专业很不错。最后我还去港科大看了一下环境，那里的环境我很喜欢，包括这所学校提供给学生的机会等都很不错。

就简单谈一下我观察到的香港的大学与美国的大学注重点的不同。

美国的学校会让你表述为什么选择这所学校，学校能带给你什么；而香港的学校则更加关注你能带给学校什么，你学的东西能带给学校什么。

所以建议学弟学妹在选择学校的时候，主要考虑自己与学校的匹配度，你要通过一些活动描述来凸显你的能力，你的能力能带给学校什么，港校比较偏好这一部分问题。

Q：你选择的专业是"数学与经济"，应该特别喜欢数学吧？有什么学习经验吗？

A： 我觉得学习数学，要先把概念搞清楚，再去做题。我跟其他同学不太一样，可能其他同学是喜欢先做题，然后再去了解概念。学习经济时我通常先去看图表，然后再根据内容的解说文字去综合理解，这样的方式对我来说可以明白得更快。

Q：在学校参加社团了吗？有什么收获？

A： 我印象比较深的是篮球社，高一、高二都参加了，如果现在再回头看这三年，依然会对高二夺冠那一瞬间记忆犹新。高一、高二的时候我们单队员基本上没有太大的变化，高一的时候参加比赛基本上是早早出局，当时真的很惨，平时我们练得是最勤的，但可能经验不足。

高二大家一起训练，一起成长，变得更加默契，更加相信彼此。同时，这也让我感受到团队建设真的很重要，最后获得了冠军。

整个过程是非常难忘的，其中最大的收获就是自身得到了锻炼，社团让我认识了很多校内外不同的人。高一的时候什么都不懂，比如写合同、拉赞助，自己什么都不知道，学长学姐手把手教我，自己在慢慢熟练的过程中也就拥有了较多的技能，这对我以后的生活也很有帮助。

另外，我的团队沟通能力也有提高。因为在社团需要很多成员一起共同去做事情，沟通的过程中我也认识了自己。

Q： 听说你还有去贵州支教的经历，为什么想到去支教？有什么感受？

A： 能去支教是因为偶然在手机微信上，看见一个公众号发布支教的消息，当时考虑到自己也有宽裕的时间，公益活动自己也做过，但是支教是第一次，所以就决定报名参加。

支教我去了两次，教了两个不同的班，给我冲击最大的是一个女生。第一次过去是快结束的时候，其中一个女生对我说她一开始不喜欢我，当时我内心还有小小的失落，后来她哭着对我说，她不希望我走。

然后2016年冬天又过去了，教的是另外一个班级，前面提到的这个女生，她送给我一个日记本，里面记录了她每天的生活，包括对我的思念。我是一个不怎么会哭的人，当时看了她写的东西，我就流眼泪了，觉得很感动。

其中也有些内向的孩子，我记得有一个男孩，坐在角落里，人也小小的，不怎么跟别人说话，可能性格比较要强，就没有办法很好地融入集体，大家也好像有点排斥他的样子。通过一周多的时间，我们做了一些活动，看得出来，他找到了一个朋友，也有自己的规划。经过那几天的活动，他可能会更加关心别人，能融入集体，关注身边帮助他的人。

我看到了这些孩子身上的改变，也从他们身上看见了善良，他们就好像一张白纸，没有人在上面涂颜色。

Q： 你还参加过哈佛中美学生领袖峰会（HSYLC）？

A： 我是看见学校贴公告，所以就报名了。这个活动让我认识了来自不同地方的人（最远的是内蒙古），感触最深的不是活动本身给我带来了什么，而是接触这些不同的人给我带来的启发。其中一位活动组织者对我说："你现在才高二，你就明确自己要干什么了吗？"

我身边有很多"学霸",很早就明确自己以后要做什么职业,要上什么样的大学。我从开始进校,一直不知道自己要干什么,不知道以后自己要去美国还是香港,不知道自己要读什么样的专业……因为我不知道自己的兴趣在哪里,这种最初的迷惘,应该是大家都有的,听了他的话我开始焦虑,别人都有计划,在一步一步地向前走,而我完全没有任何规划。

然后我回头看自己高一、高二做的事情,参加了什么样的活动,在活动中了解了什么是适合我的,什么是我感兴趣的,慢慢地就有了明确的目标,一步步走到今天。

同时我很庆幸自己的这种迷惘,因为学习过程中没有束缚自己,有规划是好的,如果没有规划,那就好好去享受没有规划的过程。

Q: 很少有高中学生去企业实习的,你怎么会想到去实习?

A: 高二暑假,自己想要去学一些与数学和金融相关的东西,然后就找到一家企业,公司也同意我去那边待一个月,实习过程中我也学到了一些知识,包括金融公司的一些基本运作,即便接触的都是最基本的运作和浅层次的东西,但是自己收获良多。

Q: 你有什么兴趣爱好?父母对你的兴趣爱好有特别的培养吗?

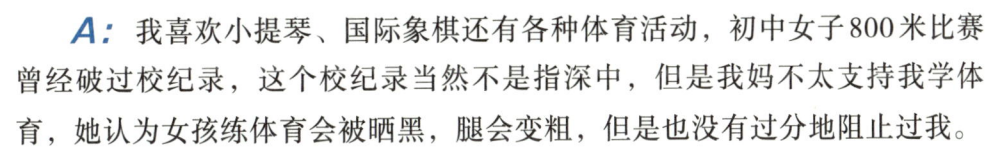

A: 我喜欢小提琴、国际象棋还有各种体育活动,初中女子800米比赛曾经破过校纪录,这个校纪录当然不是指深中,但是我妈不太支持我学体育,她认为女孩练体育会被晒黑,腿会变粗,但是也没有过分地阻止过我。

我小提琴有英皇八级的水平。这当然很感谢我的父母,我大约练习了14年,小时候想玩,不想练,小孩子大多都这样。开始那一两年是母亲盯着我练,后来习惯了,就觉得练琴也很放松,多多少少都觉得母亲最初的"盯练"也是有用的,她只是多给了我选择兴趣的机会,让我到最后疲倦的时候多一种放松方式而已。

我家人不会对我设置很多条条框框,甚至有点放任的感觉。比如,别人的家长知道自己孩子每个时间段要干什么、什么时间考试,而我妈每次看见我回家在认真看书,就恍然大悟般地说:"哦,你要期中考了吗?"因为我只有要考试的时候才会认真看会儿书，不然她不会知道我什么时间考试。

Q：当初为什么选择来到深中？

A：选择来到深中是因为我觉得她和其他学校有很大的不同，深中一直在创造可能性。比如其他学校可能告诉你要做什么样的题，然后规划你穿一样的衣服，走一样的路。但是深中不同，她将自主权给学生，而不是让校方、老师或者家长去告诉学生该干什么。把权利交给学生，让我们在选择中找到自己，让自己去走不一样的路，深中这种教育理念非常吸引我，所以就选择了深中。

Q：在深中，什么人对你的影响比较深刻？

A：戴争平老师。我上过他的微积分课、线性代数和数学选修，他的上课风格让我持续保持对数学的热爱。上课的时候他会把自己独特的幽默感带入课堂，我很容易受到他的影响，变得更加热爱数学。

Q：自己对学习时间有什么特别的规划吗？

A：我是一个很随性的人，比如在家里学习的时候，累了看书头疼，我就会去跑步，跑步的时候就很放松，同时不会去想我接下来要干什么。

我习惯在一段时间集中做一件事情，中途不会受其他事情影响，效率也会比较高。平时的作息时间也比较规律，除非有比较大的项目，否则我不会熬夜。

Q：高中这几年有没有自己觉得遗憾的事情？

A：我觉得自己没有什么遗憾的事情，该做的都做了，不该做的也做了。

Q：临毕业之际，想对学弟学妹们说什么？

A："加油"是一个很简单的表达。我下一届学弟学妹也都是"学霸"，不需要我讲一些"不要紧张"这种没用的话，未来好好加油就够了！

第一章 自我探索篇——海外名校青睐之因

深中学子 | 尹文蒂

深中教会我认识每个人身上的闪光点

尹文蒂，被弗吉尼亚大学、南加州大学、北卡罗来纳大学教堂山分校、加州大学圣迭戈分校、加州大学欧文分校、伊利诺伊大学厄巴纳－香槟分校等学校录取。

文蒂对所有人都充满热情，并且拥有广泛的兴趣爱好。热心、充满活力、自立。有着清晰的未来规划，相信她会在大学中活出更完美的自己！

Q: 作为被世界名校录取的准留学生，在申请学校的过程中有哪些经验可以跟大家分享？

A: 这个问题，之前的学长学姐都说了很多，我这里就讲讲自己在申请季感触最深的几点。

首先，拖延症是个坏东西，一定要戒掉！申请季刚开始的时候，我每天开始写文书前都会先浏览知乎，然后听听歌，动笔之后又时不时去查看一下微信，效率超低。

被ED学校defer之后非常痛苦，于是我决定痛改前非，后面每次写文书的时候都关掉计算机、微信，很认真地去写。最终效果还不错，提前1个多月就写完了必要的文书，后面感觉十分轻松。

其次，一定要相信自己。临近申请季的时候，市面上会有很多关于"文书如何写""招生官更喜欢什么样的文章"等信息，不要轻信。尽管招生官确实会在你的文书里努力找出他们想要的品质，但是假如你对一件事情没有刻骨铭心的体验或者真实的感触，就很难写出有深层次思考和价值的文字。

注意，招生官想要了解的是你，和家长有许多摩擦的你，在物理中思考社会问题的你，喜欢现代艺术的你，有一个烦人妹妹的你……

文书不需要一个看起来很厉害的故事，但是需要有一个属于你自己的内核。

Q: 你为什么选择南加州大学？又是如何选择自己专业的？

A: 首先我是根据专业来选学校的，所以先说说为什么选择商科和传媒。

因为妈妈是个非常强势的职场女性，从小到大我受妈妈的影响很大，喜欢去领导、组织一些事情，在人群中提意见和做决定，在公共场合演讲等。所以在临近申请季的时候，我选择了商科和传媒，因为这样我会有丰富的机会去接触各种"大家"，建立我的人脉圈，我的能力也会有所提高。

我选择南加州大学，很大程度上是因为这个学校完全符合我对大学生活的期望。一个面朝大海、春暖花开、交通发达、声誉很高，且校友资源丰富，商科和传媒都在世界名列前茅的学校，我很满意啦！

> **Q: 在学习上，你有什么经验可以分享吗？**

A: 对于不同的科目，我把它们分为"喜欢"和"不喜欢"两类，然后再根据该科目是否"必须学习"而分类。

面对我喜爱的科目，比如文学和艺术，我会花费大量时间去做每一个计划，就像对待自己的爱好一样。

对于不喜欢但是必须要学的科目，比如所有的理科，我对自己要求很松，小测能过就好，一般期末拿一个 low A（A⁻）就满足了。这样我就可以最大限度地去"节省GPA的基础"时间，然后把精力放在喜欢的事情上，比如社团活动。

> **Q: 父母在你的成长过程中，对你采用什么样特别的培养方式呢？**

A: 我的妈妈是一个典型的拥有现代思想的女强人，管我管得很严；爸爸几乎不怎么管我。

小的时候爸爸不让我去学音乐、画画，是妈妈一直坚持要我学电子琴和画画，才有了我今天的成就。

妈妈对我的管教一直很严厉，从小就一直鞭策我学习，"押送"我去参加各种辅导班，等等。一方面我对这种严格的家教感到很痛苦，另一方面我又庆幸因此培养了广泛的兴趣和较强的能力。

> **Q: 参加学校社团了吗？从中有什么收获？**

A: 我高中三年的大半时间都交给了社团。高一下学期因为想玩飞盘，但是学校没有飞盘社，于是建了 Free Bees 极限飞盘社。

高二上学期因为想有一个地方每天分享英语学习的经验，于是建立了公众号"Us Terns"。

建立社团是一件很难的事情，你需要把很多陌生的同学聚集在一起，让大家对"一件事"充满热情，让社团的成员喜爱上这个团体。

刚开始建飞盘社的时候，社团里人很多，我一个人组织活动很困难，所以总是会比较凶地管理社员。后面经历渐渐多了，和社员们参加了很多艰难的比赛、活动等，才发现社团应该是一个家，社员们是可以依靠的伙伴。

School clubs should be fun.

于是后面我让同学们尽量都参与社团管理，度过了我觉得很开心的三年。

Q: 当初为什么选择来到深中？

A: 我相信大多数人选择深中的原因都是：这里不用穿校服、可以用手机、饮食丰富、很自由……

我的理由也差不多，唯一不同的是，我哥哥也是深中校友，而且是最早一届的国际方向学生。

我还在初一的时候，他就开始给我疯狂"吹捧"深中啦！初二那年他带我来深中的游园会，看到很多学长学姐在摊前忙碌，看到办得超棒的游园会，觉得深中的的确确给予学生很多自由以及机遇，所以从很早开始我就下定决心来这个超酷的学校。

Q: 通过三年的学习，你感觉自己有什么变化？

A: 深中磨平了我的棱角，让我知道了每个人都有不同的一面。

进深中前我觉得自己很厉害，从初一的年级垫底到年级前三十，最后上了深中，可是进深中后才发现大家的分数都比我高。

不仅如此，平时看起来很普通的同学拿上计算机就会变成编程"大家"，找他们帮忙修计算机还会顺便帮我装个Windows系统；隔壁座文静的妹子竟是数学"大家"……

这种事情很常见。也许是因为深中汇集了深圳最优秀的一批学生，所以我感觉每位同学都非常厉害。深中教会了我不要片面地去评价一个人，每个人都有自己的闪光点。

Q: 在深中，最让你难忘的事情是什么？

A: 高二冬天的体育嘉年华上，我带着飞盘社的同学们在开幕式上表演了一个飞盘小喜剧。这个喜剧花了我们很长的时间，剧本一改再改，购买服装也都是花的自己的钱，每天晚上在文体三排练排到很晚，最后结果好得出乎我的预料。

当我们穿着"烂仔"服装、戴着墨镜上台打盘的时候，全校都笑喷了，

笑了很久很久，那段和大家一起排练的时光非常开心，表演的快乐也让我永生难忘。

Q：高中几年遗憾的事情是什么？

A： 没进学长团，没进"模联"，没进学生活动中心，B栋被拆掉了，最喜欢的几个外教都走了，没有上到Zack的美国历史课。

Q：你对未来有什么规划和想法？

A： 做一个以后会让学弟学妹引以为傲的深中校友！

Q：毕业之际，最想寄语学弟学妹们的一句话是什么？

A： You are not throwing away your shot.

深中学子 | 张嘉文

不怕麻烦，
勇于有目的性地尝试

张嘉文，ED阶段被美国排名第12的哈维福德学院录取。

嘉文是个乐观开朗、积极向上、脸上总是带着笑的女孩。对知识以及世间万物有着无穷无尽的好奇心，学术上勇于突破自我，业余时间喜欢与老师、同学探讨学术问题，也时常在微信公众平台发表有深刻思想的文章。

> **Q:** 在申请大学或高考方面有哪些经验可以跟学弟学妹分享呢？

A: 记得2016年12月15日早上8点10分，在AP Literature课上，我随手打开手机查看邮箱，大学的邮件就这么毫无预兆地发送了过来。

我急忙点开看到一句"Congratulation!"后，就把手机递给旁边的张同学看，她替我大叫了一声，把周围同学的目光都吸引了过来，同时也收到了外教的怒视，不过还好，善良的他最后没有扣我的Participation分。

那一刻，我的申请季正式结束了。申请过程中，除了合理的时间规划和心态调整以外，我认为最重要的还是要对自己有清晰的认知和定位，不要盲目从众。

无论是参加活动还是选校方面，每个人的需求和兴趣点都不一样，我们要有自己的节奏，不能受周围的同辈影响。

如果所有人都参加同样的活动，任凭这个活动再高大上，招生官在看的时候也不免会厌烦。这个时候就要看谁能用同样的活动讲出更好的故事了。所以你的文书和活动描述就显得特别重要。

你只有自己真正有激情、有付出、有收获、有成长，才能把故事讲得有血有肉，而这一切的前提都建立在你最开始就能想清楚为什么要参加这个活动，而不是为了参加而参加。

选校也是一样的道理，不要只是奔着名校光环去选校，这样很难在文书中写出对学校的真情实感，容易落入俗套。

> **Q:** 当初为什么选择来到深中？

A: 深中被很多人称为"最像大学的一所高中"。

在这里，每个人不只是学习，还可以自由选择参加各式各样的社团活动，国际体系到了高二也可以自由选择课程。

这种自由的氛围也是我最崇尚的，因为能让每个人都充分彰显自己的个性。

除此之外，深中的出国方向的课程与国外的课程联系非常密切，老师很早就给我们灌输大学相关的知识。比如会定期请大学招生官来做讲座，同时计分制度和课程设计也和美国大学十分相似，这会让我们从高中毕业过渡到大学生活的时候，也许就没有那么吃力了。

Q：参加学校社团了吗？从中有什么收获？

A：高一参加了Visionary梦想家杂志社、化学社和街舞社，印象最深刻的还是化学社。

在化学社，有一位荣誉体系的学长给我们上课，他用十分有趣的方式给我们讲解高端的概念。例如，"薛定谔方程"和"量子力学"，我们也在学校的实验室做了许多有趣的实验。

这些经历让我深感微观世界的精妙，也让我在高二选课的时候毫不犹豫地选择了AP化学。

我其实并没有在深中社团中投入太多时间和精力，高二从德国交换回来以后就没有继续参加社团了。但是在高一参加社团这种试水行为，让当时懵懂的自己挖掘到了兴趣点，并且帮助我在日后课外活动中找到了更明确的方向。

Q：通过三年的学习，你感觉自己有什么变化？

A：首先，我学会了主动为自己的人生做决策，我初中的时候读书只是按部就班地完成学业上的要求，但骨子里却有一种不断突破自我的冲动。

到了深中，我遇见了许多以前未曾想过的机遇与挑战，在这种环境下我也勇于去尝试了一些从来没有尝试过的事情，似乎在嫌"麻烦不够多"。比如我当时作出去德国交换的决定，其实是冒了一定的风险，父母曾担心过我学业上会断层或者语言不通难以适应。但是事实证明，这一年真的是我人生中的转折点，不仅让我找到了未来的方向，更拓宽了我的眼界，心智变得更加成熟。

机会固然多，但不能太冲动，要考虑到自身的需求以及承受能力，理性地做出每一个选择，并为其负责。每一个选择，必定都有其得与失，比如我参加USAD（美国学术十项全能）的同时也需要参加期中考试补考，去印度拍摄纪录片就意味着要牺牲准备标化考试的时间。

现在回想起来，那段经历纵然辛苦，但是收获却很大。走着自己设计的路，终归是非常快乐的一件事情！

其次，我学会了有益社交与自我独处。

在德国的社交比在国内困难许多，让我一个本来很外向的人时常感到非常孤独。在这段时间里，我静下心读了不少书，享受着智者凝结的思想给我带来的惊喜。

我也越来越不害怕独处，学会了利用个人空间做一些我真正想做的事情来充实生活。渐渐地，我发现自己也无须为了社交而社交，只要积极地展现自我的特点，自然会有同道中人主动来找我。

比起社交的数量，更重要的还是与人交流的质量，这样的社交才能变成自我提高的一种方式。在社交和独处中找到一个黄金分割点后，幸福感自然也会随之而来。

Q: 三年过去了，你眼中的深中有什么变化？

A: 钥匙妹和B栋没有了；新建了有品食堂（真的很好吃）、成美楼、深中书院……

但是在我眼中，深中精神一直都是没变的。这里一直都充斥着有个性的灵魂，一直都萦绕着自由与民主的气息。

Q: 在深中，最让你难忘的人是谁？

A: 最难忘的人就是我的戏剧课老师Lu An Keller，她不仅让我领会到了戏剧精神，也教了我许多人生哲理。

比如，我学会了如何在舞台上忘掉自我，充分地把自己代入扮演的角色中，这使我仿佛体验了千千万万种别样的人生。

Q: 最喜欢深中的哪一个地方？为什么？

A: 最喜欢的是学校操场的蓝色跑道。

放学后我经常在学校的操场边听歌边跑步，将脑子放空，任思绪自由地在脑海中漂浮，回想一下近期发生的新鲜事或者对近期的表现进行自我反省。

申请季有时候写不出文书我也喜欢来操场跑步，把内心的意识在脑中以图像的形式铺陈开来，有时候事与事之间的内在逻辑就会慢慢浮现出来，从而找到写作的灵感。

> **Q：高中三年有遗憾的事情吗？**

A： 比较遗憾的事情是在校内的社团投入的精力不是很多。

如果当时高一入学对各个社团能更加了解一些，或许在选择上就能更加理性和明智。

> **Q：你对未来有什么规划和想法？**

A： 我现在的专业还没有完全确定，目前的想法是修经济学和心理学双专业，但还是希望大学第一年在文理学院好好探索一下再做决定，毕竟大学的课程和自己想象的会不一样。然后研究生再转到综合性大学对某一领域进行深造。

> **Q：毕业之际，寄语学弟学妹们的一句话是什么？**

A： An unexamined life is not worth living.

第一章　自我探索篇——海外名校青睐之因

深中学子 | 麦靖彤

美式辩论深圳冠军，最遗憾没能参加高考

麦靖彤，被南加州大学（WBB项目）、卡耐基-梅隆大学泰珀商学院、巴布森学院等学校录取。

性格开朗、独立，大家口中的"麦姐"。一个很大气的女孩。一贯的成熟、稳重、负责任，让她总是能够从容面对学习、生活和活动，深得大家信赖和尊重。

Q: 被南加州大学录取，在申请学校的时候有哪些经验跟大家分享？

A: 特别幸运自己在申请季能够被World Bachelor in Business（WBB）全球工商管理学士这个项目录取，非常感谢深中，还有一路走来支持着自己的同学、老师及家人。我也很期待自己在接下来的四年里去美国、意大利、中国香港这三个不同国家和地区学习和生活。

关于申请经验，我主要讲以下两个方面：

第一是对自己的定位。在申请的过程中调整好期望值是非常重要的，要学会允许自己在可以容忍的范围内"达不到自己的要求"，不然要求太高最终累死的是自己。同时，申请季的时候大家都变得"三句不离申请、学校、标化"，特别是在深中这个牛人聚集的地方，同辈带来的压力会让人喘不过气。调整好自己的期望值会帮助你以平静的心态度过申请季。

第二是执行力。申请学校是个很烦琐的过程，除了"烧脑"的文书，还有非常考验细心、耐心的申请表。同时，我们还要跟学校的升学指导以及自己的中介/顾问多方协作。如果没有好的效率和执行力，任务就会越堆越多，到最后可能很难甚至无法按时完成。列好自己的任务清单，把每天要做的事情安排好，找到自己最有状态、效率最高的时间段。

Q: 当年为什么报考深中？

A: 初中的时候，有一些去过深中的学长学姐回来跟我分享，每次都能听到深中提供给学生自由发展的空间很大，不用穿校服，全校覆盖Wi-Fi，我也能够在他们身上看到在深中所经历和学到的东西。

还有一个故事，听我妈说她30年前中考的时候，差7分没有考上深中，深中一直是她的梦校。所以也算是实现妈妈那么多年的愿望了！

我觉得深中最吸引我的地方还是自由度和平台。近百个社团组织以及各种各样的学生活动，深中的活动让人目不暇接。没有人会去限制你参加多少个社团，你可以一个不参加，也可以在四五个社团里面变成管理层。

在这里，你能跟深圳最优秀的一批学生做朋友，发现并学习他们身上的闪光点，每个人都会带来他自己的看法和观点，同时在这个自由的环境里你也不会放松对自己的要求。

> **Q:** 三年过去了，你眼中的深中有什么变化？

A: 最明显的变化当然是B栋拆了，建起了新楼。还有以前的宿舍楼和小食堂也拆了，新开了很好吃的有品食堂。

除了外观上的变化，这一两年总的来说，深中把与学生发展相关的事情都变得更加有条理，控制程度更高，这当然有利有弊。

比如，学生有意见反馈给学校，校长面对面会让学生维权事务更加流程化；学校在学生社团拉赞助方面的管理更加严格等。

毋庸置疑，深中最与众不同的特点是包容度。无论你是怎么样的一个人，你都可以找到适合自己的圈子和发展空间。如果你是专心学术、不爱社交的"学霸"，你可以找到跟你一起刷题、早上5点约着去天井读书的人；如果你是社会活动家，这里有大把大把的社团让你施展身手。

> **Q:** 高中三年，你感觉自己有哪些改变？

A: 我最大的改变是能够更好地管理自己的时间，学会衡量不同事情的重要性。

正如我前面谈到的，深中给的自由度大、社团活动多，深中人总需要面对的一个问题就是如何平衡学术和活动。

什么事情重要？什么事情不重要？我应该在这件事情上花多少时间才合适？值得不值得花这么多时间？

有的时候，社团有个活动的策划案要赶着写出来，但现在在上课，我到底是听课还是赶策划案？

这种情况下就要学会根据自身情况衡量，如果我这节课不听，课后还是能靠自己补回来，就去写更紧急的策划案吧。但如果这节课是重点内容，策划案可以让社团另外一个同学帮帮忙，那就好好听课。

在深中会面临太多不同的选择，其实都没有对错，就看自己如何衡量了。

> **Q:** 你认为高中生如何才能实现全面发展？

A: 高中是我改变很大的一个时间段，进入深中之后我进步的速度飞快。所谓全面发展，我觉得说到底就是不要死读书，要学会与人打交道，提高自己的综合实力。

多参加社团，接触不同的人，参与到非学术的活动里面去，这不仅是提前探索以后自己感兴趣的方向，也是一个很好的经历，会使人变得更加接地气。

至于学习方法，我本身不属于学术成绩很高的那种"学霸"，但我一直信奉的理念是从自己的情况出发。

很多"学霸"的方法不是每个人都适用，找到自己最高效的学习时间和环境十分重要，同时要给自己定合适的短期目标和长期目标。

Q：在深中三年，参加社团了吗？

A：学生活动中心，高一做成员的时候，准备游园会期间在公关组，主要负责活动宣传和联系赞助商。在"十大"（校园十大歌手比赛）的时候担任决赛总策划，主要负责比赛选手分数和评委统分。高二担任非技术部副秘书长，除了和其他高层协调之外，还需监督高一同学们的工作。

众所周知，学生活动中心是一个工作压力非常大、学长学姐很"凶"的地方。如果犯了很严重的错误，学长学姐在天井"骂人"，C栋6楼都听得一清二楚。

但从进入这个组织开始，我马上就见识到只比我们高一级的学长学姐在能力上比我们优秀很多，跟着他们肯定能学到很多东西，所以收起锋芒，虚心学习。

在学生活动中心工作后，我面对问题和寻找解决方法都会先考虑可行性，变得更加实际而不是天马行空。

学生活动中心给我带来了最好的一群小伙伴，还有"明日事，今日毕"，这是学生活动中心的宗旨，也变成我日后对自己的要求。

Q：在深中，你最喜欢做的事情是什么？

A：高一最喜欢每天中午跟学生活动中心的朋友们一起吃外卖，然后去天井开会，思维碰撞。

高二还挺喜欢去听高一学生开会的。高三自由的时间会变多，上午前两节课是自习，我喜欢早上7点40分冲刺到日进堂，45分前成功掐点打卡的那种"成就感"，然后慢悠悠地在天井吃早餐。

Q: 深中三年最让你难忘的事情是什么？

A: 最难忘的是高一的那个跨年，那时候还有"钥匙妹倒数"。2014年12月31日，那时候B栋还没有拆，所有学生活动中心的人都在B102为第二天的游园会做最后的准备：清点深中币，核对摊位的信息等。

到23点50分的时候，所有人跑出去在B栋前面的台阶上站好，打开手机的电筒。23点59分，"学生活动中心为您报时，现在距离2015年还有1分钟，收到请回复"。随后，"十，九，八，七，六，五，四，三，二，一，新年快乐"。紧接着所有在台阶上、台阶下的人开始跟周围的小伙伴们拥抱，一起庆祝进入新的一年。

那天晚上3点钟我们才休息，五点半就爬起来开始游园会的准备工作了。感谢肾上腺素，一整天都兴奋得不行，感觉不到累。

Q: 高中三年最遗憾的是什么？

A: 个人不太喜欢思考太多假设性的"如果再来一次会怎么样"的问题，所以也没有觉得有什么特别遗憾的，走过的路自己感觉都还挺精彩的。

前两年在学生活动中心组织游园会和"十大"，都没有好好去体验。在高三也当了一回摊主，"十大"也误打误撞进了半决赛。所以这上面的小遗憾也都弥补了。

但真的要想一件最遗憾的事情，可能是没有参加高考吧！不知道缺少高考这个元素对一个中国学生的学习生涯会有什么影响，如果选择了高考，现在会是怎么样的去向……

Q: 要毕业了，最想对学弟学妹们说什么？

A: 进深中之前就听说过一句话，"深中的生活太精彩，以至于怎么过都是浪费"。学会活在当下！祝学弟学妹们一切顺利！母校越来越好！毕竟，深中人去到哪里都是优秀的！

第二章
学习经验篇

——深中学习成长之获

深中学子 | 唐灵聪

高考冲入全省前十的他，分享一份两万字的学习材料

　　唐灵聪，2017年深圳市文科状元，广东省前十，被北京大学光华管理学院录取。

　　热爱地理、旅行、音乐、跑步，曾获深圳中学优秀团员、三好学生、组织贡献奖等奖项，热爱深中，热爱生活。

高考放榜后，唐灵聪等深中优秀学子，立刻被一波又一波的媒体记者"围访"。

在接受采访时，唐同学丝毫不掩饰他对地理学科的痴迷。

《南方都市报》报道：

> 最让唐灵聪痴迷的学科就是地理。他能够深度体会这门学科的美感，"我做过的地理题基本不用重复，都能够记得住"。他还时刻将地理与生活结合起来，感受其有趣、有用的地方。甚至在高考前，他还设想过最漂亮的地理试题应该是怎样的。而高考时，还真的有一道题让他拍案叫绝，他感觉遇到了知音。
>
> 高考放榜前夕，唐灵聪才匆忙结束西部旅游回深。这位对地理钟情到了痴迷的文科男生，还挤出时间写了一份约两万字的植物地理学学习材料，免费分享给所有有需要的高中生。接下来如果时间允许，他还要写一篇《西行漫记》。

这份"约两万字的植物地理学学习材料"引起了很多人的好奇。

这到底是一份怎样的材料呢？唐灵聪耗费那么多时间精力写这份材料，初衷何在呢？

★ 学习材料编写初衷

其实我很早就想写一份地理复习资料了。高一学地理的时候就不停地看大学的地理教材，虽懵懵懂懂，但也掌握了一些基本的地理语汇、语法，明白了很多地理知识的起源。现在印象还很深刻的就是科里奥利力的发现是源于赤道上一个教堂的"傅科摆"实验。

高二学地理的时候就疯狂做大题，每天做两三道，培养了基本的答题规范和素养，也不断激发自己学习地理的兴趣。到高三才真的是打开了地理学习的大门，系统地从基础补起，一砖一瓦地搭起了自己的地理知识体系。

最后复习的十几天深入研究了教育部考试中心对2016年文综试题的分析，才明白地理学科命题专家的苦心。他们耗尽心思转变出题方式，给考生营造陌生感并不是为了击败考生，而是让考生能够把所学所想发挥出来，并且引导更多考生，在考后思考一下地理学习的意义，明白课改的价值。

诚然，以我们之所学尚不足以解决当今世界上出现的重大地理问题，但是在地理学习过程中培养的正确的价值观、积极的情感倾向、高昂的生活斗志将影响我们的价值判断和价值选择，将对我们未来发展产生长远的影响，这也许就是"百年树人"况味之所在。

复习的时候就在想，如果由我来主持命题，我肯定考一道地理原理题，让考生现场学习、现场分析、现场应用，既实现了"考场即课堂"的命题目标，又完成了对考生心理素质和学习能力的考查，一举多得。

本想自己命道题来试试、玩玩，但苦于学识有限而终未能如愿。刚好全国Ⅰ卷做了这样一个尝试，在整份试卷里多角度辐射了"植物地理学"的相关考点，于是因利乘便，借这天时地利人和之机，编一份关于植物地理学的高考复习资料，一是弥补目前市面上这方面资料的缺乏；二是告慰自己这颗热爱地理的心，想来还是很有意义的。

这份资料重在引导而不在背诵。笔者参考多方面资料，调动多方面资源，全方位、多角度地诠释地理事物、联动高考所必备的知识点。希望拿到这份资料的备考考生以此为跳板，拓宽地理视野，把握地理思维，培养在生活中观察、思考、学习的习惯，而不是将内容全部背下来，因为高考内容总是在变的。

第一版资料是自己在两天内做完一整套2014年版《五三金卷：三年高考模拟试题整编》后整理的，笔者利用小题、大题中的有关植物学的切入点，以点带面地介绍多种生活中常见植被及其特性、发展现状、前景和未来。后来几天又陆续参考了《高考必刷卷：地理》等复习资料，补充了许多其他的植物。鉴于高考重在引导考生学习"生活中的地理""有趣的地理"，这份资料很有参考价值。

说得再多也是自卖自夸，给大家有帮助才是真的好。希望广大考生在备考过程中不吝赐教，提些建议，指正一下资料里面的纰漏，以便日后有时间加以完善，普惠全国考生。

全国卷高考地理备考植物地理学资源获取见深圳中学官方网站。

★ 西行漫记

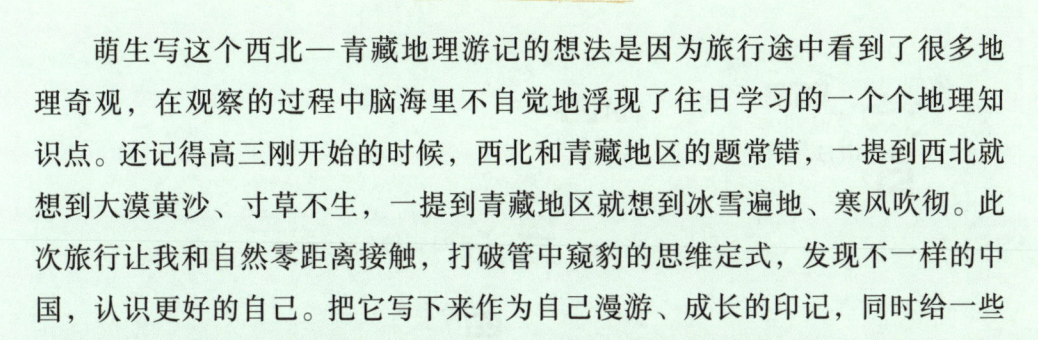

萌生写这个西北—青藏地理游记的想法是因为旅行途中看到了很多地理奇观，在观察的过程中脑海里不自觉地浮现了往日学习的一个个地理知识点。还记得高三刚开始的时候，西北和青藏地区的题常错，一提到西北就想到大漠黄沙、寸草不生，一提到青藏地区就想到冰雪遍地、寒风吹彻。此次旅行让我和自然零距离接触，打破管中窥豹的思维定式，发现不一样的中国，认识更好的自己。把它写下来作为自己漫游、成长的印记，同时给一些没有机会去西北—青藏地区的考生开一扇窗，想来很有意义。

此次旅行本身也是意义非凡，不经意间走了一趟古丝绸之路，给我们这段旅途添了一份厚重和传奇。这份资料虽是写西北和青藏的，但处处也能看到当下中国的缩影。玉门石油枯竭后如何转型，不也是"振兴东北老工业基地"所要思考的吗？干旱地区发展节水农业，不也是华北地区目前要考虑的吗？将文化内涵注入服务业、旅游业，不正是"文化自觉"和"文化自信"需要的吗？在阅读这份资料的过程中，若是能勤于思考，可以发现我未曾点明但忧心忡忡的问题，这些都是当代中国转型面临的问题，也是我们这一代青年人要去思考的问题。

与我结伴同游的还有郑睿、杨睿婷、吴燕鹏、刘玉滢。她们都是深圳中学2017届文科毕业生，也是此稿的强大智力支持者。她们激发了我温柔体贴的一面，也得以让我以一种谦和的态度面对良辰美景。同时也感谢郑卫华老师、宋卫芬老师、靳万莹老师的指导和鼓励，如今走出深中，也甚是感念。

本资料不同于《全国卷高考备考：植物地理学》，它没有明确的编写核心，就好比高中地理必修三的教材，以区域为依托，全方位、多角度地介绍西北的自然风光、人文风情。这是一篇游记，更是一份精心构思的地理学习资料，里面的图片除特殊标注外皆属我们五人的原创，这样安排，其实更想在这信息爆炸的时代里立一个标杆，传递给读者原创的力量，也增加文字的真实性和厚重感，拉近和读者的距离。希望阅读这份资料的考生不要抱着太大的功利心，能看到你不曾看到的西北，激发在生活中学习地理的热情和信心就好。

本次行程的路线如图1所示。

图 1

抵达兰州当天，我们由兰州中川机场赶往兰州市区，兰州中川机场远离市区，位于永登县，乘车耗时2小时。一个优秀的机场要求选址在一个地基稳定、地形略有坡度的开阔地带，在保证机场长效使用的同时防内涝，提高通视度，保障飞行安全。机场作为人流和经济活动集中的地区，一般要有很强的城市依托，提供和吸引客源，也要注意和主城区保持距离，通过机场快线、机场高速、城际高铁等高效交通基础设施连接主城区，这样既照顾了飞行安全（关注到城区高层建筑带来的飞行不安全因素），又减少了噪声影响，还保证了机场对城市的影响力。

行车途中，我随手拍下了图2。由照片外向照片内行车，拍摄时间为北京时间17点10分，试推断行车方向。从太阳能面板的朝向，树影朝向可以推知行车方向大致由北向南。因为中国绝大多数城市位于北回归线以北，太阳大部分时间位于偏南方向，所以太阳能面

图 2

板朝南设置利用效果最佳，同时当地日落时间约为20点20分，北京时间则约为21点20分，这个时候太阳大致位于正西方，也可以推知行车方向。当然命题老师有时也会通过风力发电机的朝向来暗示方向，图2顶部是一个小型风力发电机。

因为西北地区深居中国内地，主要为中国内地带来降水的夏季风难以深入，故云雨少、晴天多，昼夜温差大。第二天早晨，我们乘车赶往西宁的途中，发现阳光虽然强烈，但城区上空似乎有一层灰膜拦住了光线，尽管强烈的太阳光线做了最大的努力也很难透过它。

图3是兰钢。河西走廊地区整体呈带状盆地，即"两山夹一河"的地表结构，易形成静风天气，大气污染物不易扩散，而西北地区的生态环境的脆弱性要求开发活动应紧紧围绕"保护环境"问题展开。目前深圳在这方面做得很好，腾笼换鸟让深圳成为中国投资率最高、环境最好、负债率最低、创业环境最好的宜居城市。2015年，深圳第三产业比重已经超过了第二产业，两大产业比例发生结构性改变。2016年，深圳空气质量排名全国第六（空气质量≠空气质量指数，空气质量指数就是空气污染指数，指数越高空气质量越差），而深圳的经济仍然保持着十足的后劲，所以有的时候处理好环境和经济的关系只是"愿不愿意"的问题，而不是"能不能够"的问题。

图3

图3中我们还可以看到，当地的行道树特色是枝干细、树冠发展不完全、叶片小，这些特色保证树木可以适应风沙（受风面积有限）、干旱（蒸腾有限）的环境，据导游介绍，该类树种为观光柳。经观察，行道树上的种植池略高于路面，如图4所示。我个人认为，这是为了保证行人安全，防止车辆误上人行道，使种植池起到隔离带、安全岛的作用。但目前有环保学者提出如图5示意的建设方式，这样地表径流将会往地势较低的种植池汇聚，而种植池蓄留水源后促进下渗，有效缓解内涝问题。两种方式孰优孰劣本文

图 4

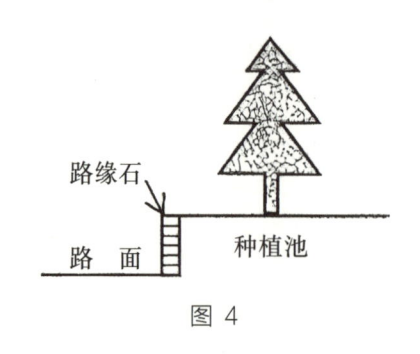

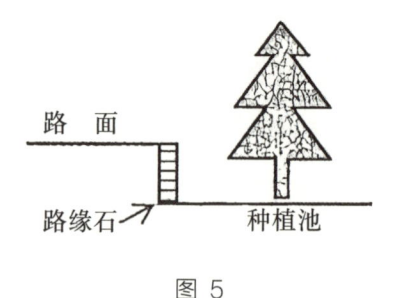

图 5

图 6

图 7

不做定论。

长时间的奔波后我们抵达了西宁，西宁光照强度很大，但体感温度却不是很高，若是在树荫底下休息，凉风袭来还有寒意。根据图6中人物的衣着情况可以推断出该点。

西宁年平均降水量为380mm，从图6中可以看出当地植被茂盛（后发现有人工洒水因素）、云层繁厚（空气中水分含量多），也可以推知当地水资源算是丰富的。塔尔寺外有许多商铺出租藏服拍照，图7是同团的一位小姐姐的照片。

从图7中我们可以看出藏服的基本特征，就是肥腰、长袖、大襟，材质轻柔素雅。当天热或劳作时，可将右袖脱下系于腰间，同时厚实的特点有利于保温。藏服几乎将全身覆盖严实，可有效防风、防强紫外线。藏族服饰是藏族人民在长期生活生产过程中创造的适应自然环境特征的宝贵民族财富。

随后我们发车前往青海湖，途中我看到了地膜覆盖的种植区，看到了孱弱的溪流，看到了皑皑雪山。途中山多路险，用长度换坡度的盘山公路最

后把我们引到了青海湖。青海湖是我国最大的咸水湖，也是世界上海拔最高的湖泊之一，属构造断陷湖。据青海湖景区管理局官网2017年2月21日文："距今20万～200万年前成湖初期，属于外流淡水湖，与黄河水系相通，至13万年前，由于新构造运动，周围山地强烈隆起，从上新世末开始，湖东部日月山强烈上升隆起，使原来注入黄河的倒淌河被堵塞，迫使它由东向西流入青海湖。"据同行一位小伙伴亲身尝试，青海湖湖水确实是咸的，而水中的无机盐类使湖水的冻结温度低于0℃。5月份左右是候鸟最佳观赏时间，6—9月是绝美花期，可以进行油菜花户外深度游，冬季来观赏湖光山色，满目皆白，银光闪闪，一年四季景致不同。独特的动植物资源（湟鱼、高原油菜花）、少数民族风情以及当地组织的丰富的体验活动（如环湖自行车比赛、草原露营、"梦幻青海湖"摄影大赛）让青海湖的旅游价值陡增，而当地政府和环保部门为维护青海湖生态稳定，专门设立了青海湖自然保护区管理局，有利于统一规划、统一保护；完善景区污水处理设施，确保生态环境不受旅游业发展的影响；深化科研合作，加大行政执法力度；人工养殖湟鱼，设立鸟类保护区。同时，当地的经济发展方式也在不断转变，宾馆、道路等基础设施逐渐完善，第三产业蓬勃发展。这些都有利于保护碧水蓝天，在保景富民的同时探索出一条脱贫致富、建设美丽乡村、促进民族团结的大好之路。

农、牧民保护生态意识很强。他们有着朴素的生态观念，希望他们能和政府一道，保护好高原生灵。他们视保护鸟类为一种修行，为保护候鸟做出了很大的努力，如何调动群众的力量共同护住绿水青山也是党和政府的必修课。

行车途中，常见风马旗，颜色多呈五种，表现了藏族同胞对神灵的敬畏和祈福的虔诚，来往于这片高原大地，也感觉冥冥中有一股神秘力量庇佑着我们。我认为，风马旗正是藏民们淳朴善良的表现。

夜宿青海湖边一晚，因为早晨天太冷，加上高原反应，没能起来看日出。随后我们前往被誉为"天空之镜"的茶卡盐湖。茶卡盐湖位于柴达木盆地内，原为古海洋，经地壳隆起抬升后成为高盐度的内陆湖，从此地表径流注入较少。随着蒸发的加剧，盐结晶析出，长期累积形成厚厚的盐盖，踩在上面就像走在水泥路面上一样稳固。之所以被誉为"天空之镜"，则是因为海拔高，大气能见度好，通视度高，平坦开阔的地势创造了海天相接的奇妙体验。这里风力小，湖面广，湖面波澜不惊。另外，水较浅可以增强水底盐体的反射率，清澈的湖水搭上纯白如雪的湖底盐壳，最终得以高质量成像。

图8的主人公是与我同行的一个深中姑娘——郑睿。浩然的雪白美得让人愣怔失语，她身着一袭红衣，给这片天地添了一抹青春的生气。

图9中可以看到一个木栏倾之欲坠了，而在实际步行过程中我已经发现一个木栏倒在路上，底下的钢座已经被腐蚀得差不多了，所以景区安全设施的维护成本会较高。图10是结合中国传统文化创造出的盐雕，使景区多了一份人文气息的灵动之美。图11可以看出我们旅行当天天气不是特别的好，如果天再明朗一些，景观效果会更好。

图 8

图 9

图 10

图 11

在景区内还放置有运盐的小火车，锈迹斑驳，可以看出湖盐对铁路设备的腐蚀度之高。虽然1989年后铁路不再运盐，但景区选择保留小火车和轨道，既省去了拆除设备、恢复原有景观的成本，又提供给游客一处拍照的场景，同时原有铁路搭运游客，50元/次，满足了游客多样化需求，发展了特色旅游，有点类似鲁尔区的工业遗产的旅游开发。

踏盐而行是一种奇妙的享受，但在行走过程中我们也发现，湖区边缘盐体杂质较多，给湖盐加工带来了一定的困难。湖区里面有很多细碎的纸片，这就要求景区加强管理，同时也期待游客的文明配合。

值得一提的是，在上文中我们强调了茶卡盐湖的风力之小成就了它"天空之镜"的美称，但我在行车途中曾发现，距茶卡盐湖约15公里处有一个风电站。我们都知道柴达木盆地四周环山，地形闭塞，越山后的气流下沉作用明显，所以柴达木盆地地区气温略高，降水较少，但这就无法解释为什么会有一个风电站的存在了。个人推测，风电站的位置已经离开了气流的下沉区，而处在水平流动区，下沉后的气流终究是要水平流动的，在这个过程中可以为风电站提供风能。茶卡盐湖风电场的建设将改善当地可再生能源的比例，带动地方经济发展，为民族团结进步繁荣、人民生活水平提高、全面建成小康社会和构建和谐社会起积极的推动作用。同时结合我们所学，青藏高原的能源来源主要为太阳能、地热能、水能和风能。

继续北行，我们来到祁连县城，途经大冬树山垭口——我们此次行程中的最高点，海拔4120米。顺着盘山公路一路上行的过程中，我们目睹了垂直地带性变化，在山顶还有幸体验了一把六月飞雪的浪漫情致，在这场被时间遗忘的相遇中，痛苦是美的，喜悦也是美的，孑然相对，顿生蜉蝣之于天地的敬佩之意。

图12是我在山顶拍的一张照片，雪纷纷扬扬，附在我的衣裤上。下山后我们抵达祁连县城，晚上九点的祁连县城天还未全黑，如图13所示。一方面因为它的高纬度，另一方面也因为它的高海拔。小城的城市规划简单明了，主要有两条街，一条集中分布着酒店，一条是小吃街，两条主干道路之间距离约为3分钟的步行路程。这样的布局方式有利于外来游客轻松方便地找到自己的目的地，少一些迷路的困扰，但同类型商业活动的集中分布也会导致同质竞争。晚十点，我们吃完晚饭准备回去时，天飘着小雨并伴有大

风，卖烧烤的大叔善意地提醒我们要快点往回赶，要变天。现在细想心里便纳闷，这是不是当地特有的天气现象，会不会经常出现，不然当地居民怎会如此熟悉而又肯定，但当时忙着赶路回去，也没能找到机会细细询问。

图 12

图 13

此站之后我们就要离开青海省了。在青海的这几天，路途颠簸，途中时不时得减速，因为当地的牦牛和绵羊毫不怕人。特别是牦牛，同行一位小姐姐称之为"有脾气的牛"。导游介绍，车辆遇到牦牛不可鸣笛，因为牦牛只要听到鸣笛声就往车这边撞，有时会把自己撞死，而牦牛是藏民的重要财产，如果真的死了一头牦牛，整个旅行团都不可能轻易地离开了。

靠近祁连山附近的城镇不缺水，而且周围很明显是绿油油的一片。图14是我在加油站拍摄的一处远景。绿意快要染浓了天，足见高山冰雪融水的魅力。河西走廊能分布着水土肥美的冲积平原，跃身为西北地区重要的农耕区，就是得益于祁连山上大大小小的冰川。

图 14

随后，我们进入甘肃省界。新中国成立以来，随着兰新铁路的开通，境内钢铁、有色冶金、石油开采、风力发电等产业高速发展，出现了像金昌、张掖、酒泉、玉门等重要城市，

而有趣的是，兰州市内大部分道路的命名，就是本省的主要城市，如金昌路、酒泉路等。

中午我们抵达张掖，参观了张掖丹霞国家地质公园。这里的丹霞地貌发育得又大又好，是中国彩色丹霞的典型代表。丹霞地貌区原为盆地湖泊，在湿润炎热的环境下，沉积物中的铁氧化为三价，使岩石变成红色。在喜马拉雅造山运动过程中，岩层褶皱抬升，水流出盆地。彩色岩层抬升至地表后，经受风化侵蚀，形成彩色丹霞地貌。张掖区丹霞地貌贵在丹霞地貌的四个阶段（幼年期、中年期、老年期和消亡期）在该区都有表现，推动丹霞地貌逐渐发育的动力因素是风和水。该区中我所见到的大部分为消亡期丹霞地貌，随着红层的不断抬升和进一步的流水侵蚀、崩塌、风蚀，原有的石柱、石峰、石墙逐渐变小直至消亡，整体表现为准平原状的缓坡丘陵。在观察的过程中，能够识别的颜色有红色、黄色、灰绿色、橙色、黑色、白色，而颜色主要受沉积物中的 Fe^{3+} 含量与 Fe^{2+} 含量比值影响，当 Fe^{3+} 的含量大、Fe^{3+}/Fe^{2+} 比值高时，地表呈砖红色甚至紫色，当 Fe^{2+} 的含量大、Fe^{3+}/Fe^{2+} 比值低时，地表呈白色和黑色。比值由高到低的变化使地表颜色呈现出红—灰绿—黄灰—黑—白的变化。在图15中我们可以清晰地发现该地质单元"缓""平""奇"的特点，图15左下部发现有切沟，可以推知水的足迹。图15右部可以看出远方的山已呈黑灰色，Fe^{2+} 的含量较大。如若涉及旅游地理，应明白该地景观具有典型性，科研价值、美学价值、观赏价值很大，是大自然的神来之笔，是风与水演奏的乐章！

图 15

风沙似"魔鬼"，在这个辽阔天地为我们奉上一餐视觉的饕餮盛宴。古人常云："米可果腹，沙可盖楼，两者一混，价值全无。"但没想到的是，大自然用色彩和造型变幻出的百般组合挑战着美学的规则极限。

下午，我们驱车前往嘉峪关城楼，登楼远望，便想起了"东风吹，战鼓擂"的豪迈气象。作为明朝万里长城的终点，与万里之外的山海关遥相呼应，庇佑着华夏子孙，守护着中华民族的未来。城楼现场游人有限，城里的许多小贩生意并不火爆，但八达岭长城却常常爆出游人如织以致摩肩接踵的传闻，探其根源，当是多种因素的影响。据我亲身感受，在西北旅游就要做好每天一半的时间在车上的准备，从兰州到敦煌坐动车都要6小时的时间，1200公里左右，比我回一趟老家还要多出一半的路程，再加上西北地区景区分散，景区之间联系度较差，距离和交通会让许多游人望而生畏。

晚上，我们待在嘉峪关市。甘肃基本上是越往西越发达，嘉峪关面积不大，但街道通达度好，市容整洁，中国四个不设市辖区的地级市之一，是一个发展程度较高的旅游城市。据导游介绍，嘉峪关市的兴起是因为酒钢公司选址于此。酒钢公司的成立吸引了大量的外来移民，这里文化多元交融，各种民俗风情大放异彩。同样是移民城市的还有深圳，这里我们可以思考移民城市形成的原因，核心还是有就业岗位，不管是区位所致还是政策所致。移民城市有一大优点，就是包容度高，深圳一句"来了，就是深圳人"，让多少漂泊四海的游子安放下他们疲惫不堪的心！导游还说，甘肃省的车牌号设置是根据经济水平来定的，兰州是甘A，嘉峪关是甘B，足见嘉峪关的影响力。我国有因石油、矿产资源而生的城市，也有因其而衰的城市。玉门石油资源丰富，在1986年升为地级市，后来又因石油衰竭降为县级市。它曾经还担负着"三大四出"的历史责任：大学校、大试验田、大研究所，出产品、出人才、出经验、出技术，铁人王进喜就是其中的一名石油工人。看三年前关于玉门的报道，标题多是这样写："玉门：没落的石油第一城沦为鬼城"，文章里面萧索景象的图片印证了这个老城由盛而衰的辛酸经历，空置而破败的楼房是玉门的眼泪。但是现在的玉门已经奋起直追，积极抢抓华夏文明传承创新区建设的重大机遇，充分挖掘石油文化、铁人文化、风（风车林）光（光电站）文化，持续加大文化旅游项目建设，全力推进文化产业提档升级。同时，玉门作为全国首个拥有风、光、水、火、生物质能5种类型发电的县市，已被国务院列入全国资源转型城市。玉门的转型经验同样适用于东北老工业基地的振兴需求，在用好国家支持政策的同时，因地制宜，发展工业旅游，打造文化品牌，就如玉门对外打响"风电旅游"品牌，呈现给世人以蓝天、荒漠、绿洲、雪山、风车交相辉映的独特人文景观，全面展现

玉门独特的风电和新能源文化，在创造巨大的经济价值的同时产生深远的社会影响。

继续西行，我们到达瓜州县。瓜州原名安西，因其谐音多有不吉利之意，为了发展大略，2006年改名瓜州。瓜州是哈密瓜的故乡，但因为当地人重视度不够，现在大家谈起哈密瓜就想到新疆。车途漫漫，又遇三急，导游将我们在瓜州"唯一"的高速公共厕所那儿放了下来，还打趣道：以前瓜州人很聪明，在公路旁修了一个收费厕所，因为它的唯一性，游客们不去也不行。后来我们就和他们建议，上个厕所总收费听起来也不太好，你们不如厕所免费，在旁边摆一个长廊，放上这边的特产，卖特产赚钱。在那里我们看到哈密瓜、瓜干、黑枸杞、大红花等地区特产，应有尽有。游客纷纷屯粮，一袋瓜干大概20元，想必他们也是赚得盆满钵满，足见延长产业链、丰富产品结构的必要性。

顺便提一句，2016年全国卷考过瓜州的风电。从图16中我们可以看到，风电机组矗立在大漠戈壁之中，地形平坦，建设难度小，同时在某一特殊路段有一个警示牌，上书：注意横风。不一会儿就有了沙尘天气，加之地表植被少，风阻小，风力还是很充足的。我们仔细观察图16与图17可以发现，其实有些扇叶的朝向是不同的，图16整体看上去，有的扇叶在转，有的则没有。个人猜测这是为了适应当地不同的高频风向而人为调整的，也是为了保证电力供应的稳定。当然那道题还提供了另外一种思路，就是风火相配，结合前文，还可以风光相配。

图 16

图 17

另外，也不记得是在哪里拍的了，因为西北其实自然景观多呈一致性。

图18与图19是特意拍来介绍一下真正的工程固沙是如何进行的。图18因为我看得也不清晰，算是远拍，绿色的纱网细密而有高低层次，可以有效阻沙阻风。图19是典型的石方格固沙，方格内种草，增加了绿化，保护了生态。

图 18

图 19

次日我们抵达敦煌，参观了莫高窟、鸣沙山、月牙泉，观看了王朝歌导演的《又见敦煌》。

中国的石窟艺术，在世界艺术史上占有重要地位，目前被列入《世界遗产名录》的有莫高窟、龙门石窟和云冈石窟，从旅游价值上看，有丰富的历史文化价值和美学价值，加之列入名录后保护得当，国内外声名远扬，就算淡季也是游人如织。莫高窟地处中国大陆内部，该地区属干旱半干旱气候区，降水少，空气干燥，同时远离人口密集区，得天独厚的自然条件让它得以保存千年而于世人面前再现恢宏，但纷至沓来的游人呼出的二氧化碳和水汽让壁画受损。干旱的环境保护了它，但旅游在某种程度上却伤害了它。2015年3月31日，甘肃敦煌遭遇强沙尘暴袭击，能见度不足20米。世界文化遗产莫高窟暂时关门谢客。春季敦煌易起风沙，原因与华北地区相近，主要是春季回温快，地表物质干燥，同时植被稀少，加之常有的大风天气，风沙很容易使文物古迹受损，给莫高窟保护带来压力。真正到景区可以发现，从游客中心（总展厅）到莫高窟大概也有20分钟的车程，风沙天气不利于行车安全，危害游客和当地工作人员的健康，势必会影响到景区的游客接待能力和旅游业收入。解决方法大致也易推出，在治标的同时也要治本：一方面坚决保护莫高窟。目前，莫高窟内不允许使用闪光灯，限制客流量，在总展厅利用电子呈览技术先满足游客探奇心。同时我还观察到，在莫高窟千佛洞不远处有敦煌研究院，应是专门研究如何保护敦煌的壁画遗产的。另一方面也要重视周围的生态建设，植树造林。

图20为莫高窟外景，石窟内不允许拍照。图21为史学大家陈寅恪手书：敦煌者吾国学术之伤心史也。图22为我与其他同行三人的一个背影图，郁郁葱葱的树林日夜守卫、保护着这一方水土。

我国另一著名佛教石窟——云冈石窟，在保护方面也面临难题。云冈石窟临近大同煤矿，每天有数千辆运煤车驶过，煤尘易对石窟佛像造成污染和腐蚀（煤中含有硫，燃烧会生成二氧化硫，此外煤燃烧过程中的高温使空气中的氮气和氧气化合为一氧化氮，继而转化为二氧化氮，形成酸雨）；另外，载重车辆也易对石窟产生震动性破坏，排放的尾气也会加剧空气污染和酸雨问题。为了守护这一宝贵的精神文化财富，国家投资2.2亿元，将109国道云冈段改线。

图20

图21

图22

我在游览过程中产生了诸多疑问，后来带着疑问拜访了敦煌研究院，研究员耐心地为我一一释疑。我问了这样几个问题，读者也可尝试思考：

（1）为何不允许游客在室内拍照？

答：莫高窟最开始建造的时候包括常年适应的都是干燥阴冷的环境，游客一拍照自然会启用闪光灯，而这就将壁画暴露在强光之下了。

（2）为何讲解员可使用手电筒在室内照明？

答：讲解员在照明时使用的手电光微弱，而且游离照射，影响会稍小，但肯定会有影响。

（3）你们是如何修复壁画的？

答：并不是在上面再画。壁画受损是因为脱落，我们用打针一样的方式在脱落部分和本体部分间注入黏合剂，粘回去。

在莫高窟的一处小园里，我拍到图23。这是西北地区典型的喷灌用具，在兰州大学内我也见到了它。喷灌和滴灌是干旱半干旱地区常用的灌溉方式，好过大水漫灌。喷灌将水流分散为细小的水滴均匀惠泽每一方土地，同时减轻劳动强度，节约劳动力；滴灌可以缓慢地、定量地、均匀地浸润植物根系最发达的区域，也就是最需要水的地方。相比之下，大水漫灌没有充分节约水资源，在干旱半干旱等蒸发旺盛地区易引发次生盐渍化，同时产生大量的地表径流无法利用，棵间蒸发量大，深层渗漏也浪费了紧缺的水资源，养分容易随着水流于表层或深层流失，植物也容易出现烂根现象。

图 23

晚间，我们去观看了《又见敦煌》，主人公们徐徐道出那千年一叹，画卷恢宏，气势磅礴，一颦一笑、一唉一叹渗入心脾，令人感极而悲。赏毕，我提笔如下：

一把黄沙让莫高沉寂千年，千年不过历史一瞬间。

一段梵音让我们心痛一阵，一阵却是民族一千年。

回首往事，伫立斜阳，只道繁华如烟。

聆听古道，八音齐响，共奏民族富强。

它诠释了远出于教材之外的文化自信。历史中最有魅力的那部分是艺术和信仰，最刺痛人心的是人性和沧桑。敦煌的历史是丝路的历史，是它形成伊始到衰落之末中的不舍和担当、纠结和彷徨、苦难和希望。历史人物或伟大正义或卑微屈辱，却都共同铸就了这段血泪史。如今我们之所见，已是沧桑过后留下的碎片残痕，怎能不心生感慨？这一路走来，是赏景之旅，也是文化之旅，不知不觉就走了一段古丝绸之路。在《全国卷高考备考：植物地理学》一文中我曾有意识地强调和渗透一种作物也是一段文化的意识，之所以如此重视，不仅仅是因为个人觉察未来教育过程中"文化自觉""文化自信"的地位将有所抬升，更是注意到一旦一个民族丧失了发觉自身文化的动力、认识自身文化的愿景、认同自身文化的信心，人心便会浮动，良莠不分，妄自菲薄，失去自我。只有守护住自己的根基，才能与时代同行。

　　敦煌夜市美味而富有深情，热闹而不失整洁，在那里可以看到四海八荒的缩影，那里安放着骚客浪子因思乡而悸动不安的心，吾胃安处是吾乡啊！

　　次日，我们一大早在日月山上骑骆驼，叮叮当当的驼铃声敲碎了我们未醒的梦，却叫不醒一个夜归人。导游说骆驼生性胆小，我未彻悟，骑在骆驼上引吭高歌，结果把骆驼吓成了西班牙斗牛，差点没把我给抖下去。日月山的旁边有薰衣草群，月牙泉附近有芦苇荡，泉中小鱼倏地远去，似相逗乐。月牙泉是古河道遗存，多是依靠地下水补给，目前地下水补给量减少，泉水有日趋干涸之势，而且现在也面临着沙山掩泉的威胁。国家早些年在月牙泉周围修建四个渗水场向地下渗水，通过提高月牙泉周围的地下水位，保持并提高月牙泉的水位。而且我在下了骆驼之后发现，有洒水车往离月牙泉还有10分钟步行路程的沙地上洒水，估计也是为了提高周围地下水位，这也印证了月牙泉水的主要来源是地下水，这个方法不仅可以救月牙泉一命，还保留了月牙泉自然的观赏价值。而至于为何四周水能向月牙泉汇聚且之前沙水也能够共存，则与当地特殊地形、风向有关了，本文难以详尽描述。

　　当天下午，我们乘动车折返至兰州，路途漫漫，幸得同路人相伴。抵达兰州后我们在当地玩了两天，兰州城区大致也转了一遍。我在兰州大学还迷路了两次。兰州现在要修地铁，许多地方交通有些紊乱，但是交警出勤率挺高。现在还记忆犹新的便是一晚独侠骑行了。兰州虽经济难以与一线城市抗衡，但共享单车普及率还是很高的，我骑过一个闹市，骑过一段小巷，前往平时无法到达的地方，看到了老百姓生活的兰州。只有人声鼎沸，没有车水马龙，只有走走停停，没有导游的催促。我认为，骑行是深度认识一个城市最好的方法，和它的每一条街道打招呼，和它的每一寸草木打招呼，和它的每一个人打招呼，能有此旅，不枉此行。

★ 后记

　　写完此稿，似有春蚕丝尽之感，平生甚有一颗热爱地理的心，故行走天下不忘脑中常想。《全国卷高考备考：植物地理学》一文面世后，诸位恩师奔走相告，同学们也向我道贺鼓励，学弟学妹们亦是狂喜，一下子微信下栏满是红圈，受此垂爱，感激涕零，觉得此生一定要做有意义的事，不争输赢，应问对错。我不是一个高产写手，能洋洋洒洒写下这两万字也是因为心有所感，目前教育部对高考的命题和试题分析都彰显出高度的育人情怀，选材贴近生活，有"烟火气"，旨在告诉考生，地理就在身边，人们日常起居、衣食住行都蕴含着地理知识。亦如2017年全国卷Ⅰ第一组选择题，也许生活中我们就见到过这样两种不同的绿化带，可我们是否想过为什么，又是否敢往行政因素上思考？地理试题将身边的地理知识引入考场，备考过程中考生把身边的地理知识引入地理试题之后亦步亦趋，那样永远无法超越考试！本稿的撰写亦是有此初衷，我把旅途中的所观所闻、所思所想记录下来，回深后查阅地方政府网站，翻看学术论文，调看备考资料，大致形成了一个立体的、全面的认识，把它们放在肚子里捯饬了一下，再诉衷肠。篇幅有限，有些话我没有交代，阅读完这份资料的考生若是能生此疑问则最好不过了：什么是工业旅游？旅游产品如何打文化牌？资源优势除了直接开发还能怎样转化为经济优势？风电开发有什么样的要求？又会有什么样的弊端？西北地区丰富的太阳能资源该如何利用？而我也悄悄告诉你，这些问题在近三年的部分文科试题分析和这份资料里都有答案。拿到此份资料的考生若是能沉心静气，随我一起漫步西北，也许也能观我所观，感我所感。若是愿意以此为契机培养自己在生活中观察、在生活中思考的习惯，那也算惠及于人，不枉费心血了。

深中学子｜陈景舒

从海量知识中
　品味学科美感

陈景舒，高考文科全省排名第33，被香港大学录取。

兴趣广泛，喜爱社会科学与数学，对生物也有浓厚兴趣。一直坚持学习高中和大学生物竞赛课程。

很荣幸有机会能在深中建校70周年之时，为母校献上绵薄之力，愿借此机会与各位学弟学妹分享我的学习经验。

正如印度电影《三傻大闹宝莱坞》传递的主题："追求卓越，成功自然会找上门来。"学习须得将当下的每一步做到极致，并乐在其中，这便是我回首高中三年学习生活的核心经验。如果将追求卓越的学习方法分为战术与战略，便是运用好知识点与题目相结合的战术，坚持静心钻研、寻找乐趣的战略。

首先谈一谈知识点与题目相结合的战术。我以为，知识是纲，题目是目，后者从属于前者，又对前者产生重要影响。

一方面，知识为主，题目为次。如果查阅高考大纲，会发现高考注重考查知识的掌握情况，即调动和运用知识，并在此基础上检验学科能力与素养，即获取和解读信息，描述和阐述事物以及论证和探讨问题。

在学习过程中，各种能力的训练总是以知识为载体的，只有正确牢固地掌握了知识，才有可能提高学科能力与素养。如果无法根据所学知识，正确快速地调动和运用知识，则难以正确理解题目，迅速发现正确的解题方法，简洁、正确地论证答题。

另一方面，题目既能帮助我们更好地理解所学知识，又能拓展知识面。题目并不是主要考查课本出现的原话、原题，而是需要我们运用知识进行推理，因此我们可以借助题目锻炼运用知识的能力。题目的材料与解题方法丰富多样，这也是拓展一个知识点的更多背景知识以及解法的好机会。

因此，我要求自己必须先准确地理解知识点，这是前提。在课上，笔不离手，用黑笔将老师的课件纲要迅速记录，用蓝笔批注老师的补充说明，并利用间隙记忆知识。

在课下，先在理解的基础上记牢知识点，梳理知识结构，再着手做题。当自己能够在不看课本与笔记的情况下，将一个章节的内容按照知识逻辑有条理地复述出来后，再做题训练。我在三年中学习每一学科的每一章节基本都坚持了这种方法，这对于基础知识的巩固有重要的作用。

不管是平时做作业还是考试，只要是在做题后，我都要求自己及时总结，这一点十分关键，否则做题将是无用功。

首先，回看每一道题目的正确选项考查了什么知识点，错误选项是如何

混淆是非的。对于做错的题目，如果在分析答案解析后仍无法深入理解，认为下次再做仍难有思路，则应向老师求教解题思路。

其次，将考查同一知识点的题目汇集起来，比较这些题目的考查方式与解题思路，结合自己做题的正确情况，分析这一知识点的哪些角度是尚未理解的，将这些新获得的理解记录在笔记本中对应知识点的旁边，记录是要自己思考成文，而非抄写答案解析。

最后，将未见过的且与知识点相关的背景材料记录下来，以方便拓展知识面。通过这种方法，形成的是题目分析本，而非简单的错题本，这样提高了做题效率，有利于深化对知识的理解，提高学习能力。

接下来再谈一谈静心钻研、寻找乐趣的战略。在高三的第一周，由于我的历史、政治学科的基础十分薄弱，曾产生过畏难心理，面对课本、笔记以及题目束手无策。

几经彷徨，直到向罗老师请教后，茅塞顿开，于是开始探索、总结解答题目的方法，在这一过程中我感受到知识与题目的结合，享受深化理解、拓展视野的乐趣。

通过这次经历，我认为面对繁重的学习任务，面对激烈的竞争，我们仍应静下心来，忘却除自己的学业之外的纷扰，放下过分关注同学而非自己的扭曲竞争心态，耕耘好自己的知识家园。在这一过程中，我们能收获更多更深的知识，享受探求真知之旅中的快乐与激动。

追求卓越，实际上是超越自我。我们的学习简单来说便是在处理好知识与题目的关系中不断地超越自我，突破先前的错误认识，发现简明而富有美感的知识与思维方法。

与各位学弟学妹共勉！

深中学子 | 梁雅诗

成绩坐过"过山车",最后也能"翻盘"

梁雅诗,2017年高考理科省排名第25,被北京大学经济学院录取。曾荣获2015—2016年度三星奖学金。

热爱生活,喜欢参与各项社团活动,努力上进,不忘初心,奋勇前行。

毕业后，回首三年高中生活，充满遗憾。忽然想起刚进校园时，学长学姐口中流传的那句话："深中的生活太精彩，以至于怎样过都是浪费。"当时觉得这么说未免夸大其词，现在想来，没有经历过的人总会对别人的结论产生怀疑，当时的我也不例外，而现在我却完全认同这句话。

在这里，每一天都充满了无限的可能性，都可能会碰撞出灵感的火花，让一个没有追求的人有了追求，让一个没有梦想的人有了梦想，有亲密无间的同伴，有耐心指导的老师，还有自由轻松的校园环境，无论你选择如何生活，只要遵纪守法，都不会显得奇怪。而这也是我中考前选择深中的原因之一，是深中的一大闪光点。"让优秀者更优秀，让平凡者不平凡。"正是因为有了旗鼓相当的竞争，才让优秀者更加优秀；正是因为有了对卓越的追求，才让平凡者不平凡。

初三的时候，我已经明确考深中的意向，于是报名参加了深中的自主招生。但不幸的是，在简历这一关就没有通过。

当我和成绩突出的同学聚在一起的时候，他们纷纷表示自己已经通过了自主招生，已经无后顾之忧了，可以用最轻松的心态去应对中考。

我当时特别难受。虽然最终考上深圳中学，但终究是有一丝遗憾。

高一刚入学时，我已瞄准荣誉体系，结果没有考进，成为标准体系的一员。暑假的时候给自己的规划是进入荣誉体系好好学习，然后在高考中大放异彩。军训前晚知道我没能进荣誉体系的消息时，在床上哭了很久，哭累了，才在湿漉漉的枕头上睡去，第二天红肿着眼睛参加了军训。尽管最终在高考中的表现不差，但这件事终究是留下了一丝遗憾。

高一快结束时，我报名参加学长团，又不幸落选。学长学姐在我的报名表上留了言，我看了获益匪浅。现在仍记得有个学姐给我的留言："雅诗，你不是一个足够有耐心的人，不够沉稳，也不够有担当。"

我第一眼看到这个留言时有些生气，但这些话一直萦绕在我耳边，在高二、高三时不断鞭策我。现在回想起来，真的非常感谢学姐，是她让我认识到自己的缺点。

高三入学时，成绩忽上忽下，摇摆不定。考差了就努力，努力了就考好，考好了就懈怠，懈怠了就考差，陷入了一个令人无奈的循环。

依稀记得，高三刚开学时，头脑发热报了生物科代表，结果在第一次生物周考时班级垫底,被我们温柔的王老师教训了一番。还有高一、高二当了两年数学科代表,但开学考时的数学成绩只刚刚及格。这些结果证明了自己不够努力、不够上进,但也终于成为我高三前进的动力。

三年来,深中将我的眼界打开,让自以为是的我认识到了什么是人外有人、天外有天。在这里找到的同伴,有阅历丰富、思想深刻的;有天真活泼、热情开朗的;有颜值与智商齐飞的;有积极上进、自律自强的……和他们做同伴,永远不会感到疲倦,在交谈中摩擦、碰撞、交融,最后达成共识,是一个十分愉悦的过程。尽管总会自惭形秽、自愧不如,但有道是"人在互相比较中才能成长"。这样一个仿佛肉眼可见的成长历程,是难忘的,是珍贵的,是不朽的。

没有遗憾,也不能称得上是完整的深中生活。塞翁失马,焉知非福?尽管我没有通过自主招生,但有了心理素质的历练,纵使北大的博雅计划没有通过初审,也丝毫没影响我的考试心态,最后高考成绩令人惊喜。

在深中,虽然我没有考上荣誉体系,但加入学生活动中心,参与游园会、校园十大歌手比赛的组织,并加入了咖啡屋、V-music流行音乐社、Trilliant动漫社等社团,让我得到了许多宝贵的组织经验,从懵懂学习、吃力工作到各方面游刃有余、轻松惬意,这样的改变,让我欣喜不已。

虽然我没能加入学长团,但我乐意做助教,做卓越成长交流营的带队学姐,也结识了一群可爱的学弟学妹。与学弟学妹一起学习,一起成长,一起思考,总是让我收获良多。潜移默化中,我感受到自己内心的柔软,最为可喜的不是看到自己成长,而是看到自己与团队成员的共同进步。

高三的成绩起起伏伏,每一次考试仿佛都在坐过山车。但这样不稳定的状态,恰好是我努力前进的动力,为了变得更加沉稳,自然需要更加积极努力,奋勇向前。

深中带给我成长的喜悦,带给我无限的自信。走出深中,心中默念"我是深中人",就好像有无限的力量从体内窜出,大概这就是深中的文化自信。

遗憾和喜悦两个过程,都是深中精彩校园生活里不可或缺的一部分。选择深中,定不会后悔。

深中学子｜张若禹

备战高考，
最重要的不是题海战术

张若禹，高考理科全省排名第49，被北京大学元培学院录取。对物理怀有浓厚兴趣，曾获物理竞赛全国二等奖。

外表斯文，温文尔雅，但有一颗坚毅的心，有执着的梦想。

2017年，已然是我在深中走过的第六个春秋。很荣幸有机会与大家分享我的学习经验、教训以及对深中学习生活的一些感想，希望能对学弟学妹们有所帮助。

★ 我的深中生活

高中是一个从青涩走向成熟的过程，在深中我的体会尤其深。深中开明的校风和丰富的校园活动为刚入校的我们提供了无限的可能性，当我们面对如此丰富的资源时，选择就显得格外重要。选择的前提是对自我有清晰的认知，对未来有明确的规划。

从大的方面讲，是思考我们要成为怎样的人，选择怎样的发展方向；从小的方面讲，则可以细化到三年间乃至每学期要完成的任务。只有充分了解自己，我们才能明确目标，做出最适合自己的选择，否则很容易随波逐流，陷入繁多的选择中，忘记了自己的初心。

还记得我高一刚入学的时候，就陷入过举棋不定的窘境：既想参加物理竞赛，又沉醉于繁多的社团活动；既想尝试出国，又要兼顾高考，四线作战，最终每一方面做得都不算好。

有句广为流传的话："深中的生活太精彩，以至于怎样过都是浪费。"在我看来，未选择的路固然诱人，我身边也不乏样样精通的"学霸"，但大多数人都是普通人，我们的精力是有限的，及早找准自身定位，做好规划，深入一个方向或领域去学习，学有余力再兼顾其他，可能是一个更好的选择。

★ 我的学习心得和方法

首先，在学习上最重要的品质是自信和坚韧。这一点是最重要的，也最容易被忽视。大家在谈论学习的时候很容易陷入各种方法论的探讨，而往往忽略了在学习过程中我们内心精神上所经受的磨炼和成长。

高三大大小小的考试数不胜数，我也常常遭遇"滑铁卢"。11月刚从竞赛回归高考时，由于落下的功课太多，第一次月考只考了第138名。但面对挫折，我们不应过分沮丧更不能沉沦，而是要学会用发展的眼光、乐观的心态去看待一时的成绩，通过认真反思总结，积极与老师沟通，找到自己的知识盲点和薄弱板块，发现并解决自己的问题，这样方能稳步提高。无论是竞

赛还是高考，对我来说都不是一帆风顺的，可以说是一路跌跌撞撞，挫折不断，但最可贵的是我从来没有丧失信心、勇气和对未来的希冀。

其次，在漫长的高考备战中，我们不应过多刷题搞题海战术，而应该先回归课本，紧跟老师的教学进度，搭建起完整的知识框架，之后再有针对性地做题，这样可以系统地强化我们对知识点的理解，才能做到举一反三，灵活运用。课堂上老师讲授的内容详细而完备，因此我们应好好把握课堂时间，充分理解并掌握老师讲解的内容，如果一味地刷题而罔顾听课和思考，往往会一叶障目，不见森林。高考归根结底，变的是题目，不变的是题目背后的知识点。通过这种深度思考、提纲挈领的方法，将知识内化，就算你没有大量地刷题，我想一定也可以取得不错的成绩。

最后，学习时一定不能怀有大而化之差不多的心态，而应追根问底，把每个细节都搞清楚、弄透彻。在考试中，"细节决定成败"绝非一句虚言。在完整地经历了竞赛和高考之后，我认为竞赛更多的是考查我们的自学能力和深度学习能力，而高考主要考查我们学习的广度和细节，需要精益求精力臻完美，需要持续不断地打磨我们的知识体系。两者的共通之处则是认真和坚持的品质。

我衷心地感谢高中三年与我朝夕相处的老师、同学，还有往届的学长学姐们。在一个优秀的群体里你将深受感染和激励，成长为更好的自己，这是深中给予我们每个人最宝贵的馈赠。

希望同学们能珍惜高中时光，走到自己向往的远方，成为最好的自己！

深中学子 | 王旭阳

我的深中三年

王旭阳，高考广东省理科前十名，被清华大学生化类录取。

王旭阳同学是一位目标明确、勤奋好学的阳光男孩。他善于规划时间，知识面广，有广泛的兴趣爱好，如音乐、动漫、阅读等。

三年前，2014年的秋天，怀着对丰富多彩的高中生活的憧憬，我加入深圳中学的大家庭。三年间，没有一丝后悔，因为我始终觉得，深中是最适合我的高中。

高一开学后第一周是军训，但我记住的不是军训，而是一位位热情开朗、无私奉献的学长学姐——学长团的成员们。在学长学姐们的帮助下，我们很快就熟悉了校园，了解了学校，认识了彼此。

军训后没多久，我们高一新生就迎来了社团招新活动。深中的社团种类之丰富、数量之庞大超出了我的预料。虽然短暂接触了之前一直感兴趣的动漫社、吉他社，但我最终选择并留在了一个小众冷门的社团——战术训练社。在战术训练社待了整整两年，并且在高二期间担任了副社长。

高一、高二期间，深中的课程之丰富令我至今都印象深刻，除去基本的学业课程，还有大量有趣的选修课、体育课、艺术课。周四下午的选修课想必是大部分深中学生的最爱。

说几件高中三年令我印象最深刻的事情吧。首先是井冈山之旅，几人一组，寄宿在乡村家庭，白天四处走访调查，买菜做饭，与小伙伴们玩得不亦乐乎。晚上在小屋的天台上看着城市里见不到的星星，促膝长谈。离开小伙伴的家，前往革命圣地参观，体会革命先辈的大无畏精神。往返的火车上，还留下了数之不尽、用之不竭的"黑照"。那一周的时间，收获的快乐、友情无限。

其次是走进大学，高二的国庆节假期，为了开阔视野（完成实践作业），我和其他7个同学去中山大学参观，并且采访了若干在校的大学生。两天的行程，充实而有趣。

再次是红树林调查实践，我认为深中最有意义的课程之一就是实践课，高一、高二的两年总共要分组完成3个课题（一次辩论，两次调研），对于我们学生综合能力的锻炼是很好的。我参与的3个课题分别是"第二次世界大战末期美军投下原子弹是否正确"、"深中学生对二次元文化的认识"和"东涌红树林的保护现状"。

其中印象最深的就是红树林的课题。在前去实地调研之前，我们先通过互联网和图书馆收集了许多湿地、红树林相关的资料，并且进行了学习讨论。实地调研进行了两天，期间我们走进红树林，采集土样、水样后送去检验，并且对周边的旅客、居民展开了问卷调查。

最后就是高三学习，深中的一大特色是高一、高二与高三分开管理，东校区和西校区的氛围是不同的。相较于东校区轻松、自由的生活，西校区忙碌、严格的作息真正让我感觉到了学习的压力，也因此才能考上理想的大学。我由衷地感谢深中的这种管理模式，这让我得以在高一、高二享受到青春的乐趣，而又不会因过度的放纵与理想擦肩而过。

高三的学习很辛苦，我的主要放松方式是看书，因此高三也看了不少书。这也让我深深地感觉到阅读的重要性，不仅可以获得更多的知识，还可以缓解身心的疲劳，真后悔高一、高二读的书少了。

以下为推荐书单：《瓦尔登湖》《枪炮、病菌与钢铁》《人类简史：从动物到上帝》《未来简史：从智人到智神》《罗马人的故事》《幻夜》《嫌疑人X的献身》《白夜行》。

学习经验大放送。自主学习时，计划很重要。在学习之前一定要明确自己接下来一段时间的目标和方向，这样学习时才能保证一直做有用功。计划可以按天也可以按周，可以精确到上午、下午这样的时间段，但最好不要精确到小时、分钟，这样意义不大，反而会让你更加刻意地关注时间。

懂得舍得。学习时，尤其是到了高三，要把更多的精力放到对自己的成绩更有利的地方。完全掌握了的题型可以少做甚至不做，对待老师布置的作业也是，可以选择性地放弃一些，把多余的时间放到自己的薄弱环节上，学科之间同理。绝对不能一味地、无选择性地刷题。

学会总结。学习过程中，不只是记知识点和刷题，还需要总结。总结的东西包括但不限于错题、答题模板、经典题型、语文的常见病句和成语、英语的短语和搭配，记得总结后要多看。

深中学子 | 宁心怡

联考年级200名，高考逆袭进清华的华丽蜕变

　　宁心怡，在高三所有大考中从未进过年级前20名，高考以总分679分，冲进年级前5名，拿下广东省理科第26名，被清华大学自动化与工程专业录取。

　　热爱音乐、羽毛球、古筝、电影，自信、阳光、恬静，曾获深圳中学"三好学生"等奖项。

作为一个在高三所有大考中都没有进过年级前20名的人，高考能考到年级前5名，广东省第26名，我自己也很惊讶。激动过后，仔细想来，虽然有很多运气成分，但这也不完全是意外。

我高一在实验体系，当时积极参加了各种活动，充分锻炼了自己的能力。经过一段时间的努力，我的成绩可以在班上保持在前10名。高二我们班分成了文科班，学校邀请我们班成绩较好的同学到荣誉体系，于是我便转入荣誉体系。

由于实验体系和荣誉体系课程进度不一，刚开始跟不上，许多课程都需要自学，其中包括化学反应原理和数学的解三角形。在好朋友的鼓励下，我没有退缩，而是更加努力学习，一本本"王后雄"都被翻烂了。

荣誉体系是佼佼者的聚集地，竞争十分激烈，但我很快跟上了节奏，居然在高二上学期期中考试取得了班级第2名的好成绩。语文则从高一的全班倒数第4名逆袭到了全班第1名。

高三我考到了荣誉体系重点班。在这个"学霸"云集的班上，刚开始我的成绩一直在中等，后来从十几名波动至倒数，最差的一次四校联考排到了年级第200名。

在五月的华大联盟考试中我也因各种失误排到了年级50名以外。但我知道自己知识掌握得足够牢固，实力也不弱，只要足够细心，就能考取好成绩。于是我以上海交大为目标，不断挑战自己，调整心态，吸取了各方面的建议，最终高考成功逆袭到广东省第26名，被清华大学录取。

我认为最后成功被清华大学录取和良好的学习方法是分不开的。高三下学期我的成绩有大幅波动，从四校联考第200名到"深一模"第21名，到"广一模"100多名，再到"深二模"20多名。这种大幅波动让我身心疲倦，也一次次陷入绝望，怀疑自己的水平。

我感觉自己遇到了瓶颈，面对一堆试卷，觉得上面的题都会，甚至做过好几遍，然而考试时还是由于各种原因出错。

于是我按照班主任老鄢的启发选择性做题。如果一道题我已做过，或一眼看去就会，我就直接跳过做下一题。这个方法明显提升了我的做题速度，让我不在同一题上浪费时间，帮我省下更多时间巩固不熟悉的知识点。

同时我也整理了错题和答题思路，提高了学习效率。我认为适合的方法

比努力更重要，因为它能有效提高学习效率，达到事半功倍的效果。

此外，考前的心态调整也很重要。临近高考时，很多人都积累了相同的知识储备，但最终的高考成绩却差异较大，此时拼的就是心理素质。

高考就像面临一场大风，大风过去，有的人还在原地，有的人前进了一点，而有的人本来很靠前，却被大风吹到了后方。

每个人后退的理由不尽相同，但前进的理由只有一个——心态调整得好。在高考前的晚上，我也莫名其妙失眠到凌晨4点。我并不觉得自己紧张，但就是睡不着，越睡不着就越着急。好不容易睡了两个多小时，便踏进了语文考场。

我不断地暗示自己，睡不好不会影响发挥，许多考上北大、清华的同学考前也失眠。后来的语文成绩也证明了考前失眠对考试影响不大。

经过考场第一天的奋斗，当天晚上我充分休息，将自己的身心调整到最佳状态，第二天的理综也超水平发挥，考了277分。没有良好的心态调整，我在高考中便无法发挥出正常的水平。逆袭不完全是意外。只要打好深厚的基础，有良好的学习方法和考前心态调整，人人都可以发挥出自己的最佳水平，在最后一战中胜利！

有没有感觉到学姐真的超厉害呢？不仅成功逆袭考上清华大学，同时，热爱音乐的她还为母校建校70周年创作了一首歌词。

创作灵感

我是班级英语科代表，对英文诗歌和Hip Hop比较感兴趣，在高三学习生活中也听了很多歌曲，买了莎士比亚、济慈等诗集研究，并开始写一些简单的诗。后来对押韵、Rap中的Flow有了更深的体会后，开始写一些更复杂的诗，并对歌曲进行填词。

上半年临近毕业之际，我想写一首关于深中的歌纪念母校、感谢母校，也顺便挑战一下自己，完整地填出一首篇幅较长的歌曲。整首歌于2017年3月完成，利用学习之余写了一个月。每一句我都仔细琢磨，尽量做到押韵、节奏与原曲一致，发挥出自己最高的水平。有时短短一句话会纠结几天，删改多次。因此，这也是我感觉写得最好的一首歌。

以此献礼母校70周年！

歌曲解说词：

首先总起，概括了在深中的不同生活方式，你可以埋头在题海中成为"学霸"，也可以脱团，参与各种课外活动等。每个人都可以找到适合自己的生活方式。

第二段主要以时间为线索，先说高一、高二的开放自由、校园民主，再说高三为高考而拼搏，多年后回看高中生活又是不一样的风景。

第三段主要是赞扬深中70年来对一届届学生、对世界做出的贡献，肯定深中的价值。

附：宁心怡同学作词全文

深圳中学

Shenzhen Middle School

原创：2017届高三（2）班 宁心怡

原曲：Alexander Hamilton

Where can a naive infant,
sixteen – year – old high school student,
Dropped in the middle of a forgotten spot in Shaibu Shenzhen by providence,
Who hadn't tasted bitter,
Grow up to be a scholar three years later?

歌词大意（意译）：深圳晒布的哪个地方能让一个天真幼稚的十六岁高中生三年后成长为一个成熟的学者？

The future dreamers whose aims were clearer now than ever,
Got a lot farther by working a lot harder,
By consulting countless teachers,
By writing a lot of papers.

By the end, they all became faster, higher and stronger.

在那个地方，梦想家们坚定目标，努力学习，写下无数佳篇。最后他们变得更快更强，实现了梦想。

And when we were all crazy to get our daily work done,
But wait, in a hopeless place, two people found each other.
Inside, their affection was getting stronger and stronger.
The lovers were really to date, feel, go wild or flatter.

然而当有的人为日常工作忙碌时，在一个角落，还有两个人找到了彼此。他们渐生情愫，感情日益深厚，开始约会、秀恩爱……

Then our story went on. We created a bond.
Prefects guided us through all till we were on our own.
Then we roamed in the book salon and the new year fair.
From the model UN to home, we were non–stop all along.

我们的故事便从这个地方展开。学长团引导我们面对新生活，直到我们能自立自强。我们开展了各种活动，从读书沙龙、游园会到"模联"，都有我们的身影。

Well, the word got around.
They said "this place is so free man".
Everyone can be themselves in this magical dreamland.
Through the crowded streets, can you hear our people sing?
And the world's gonna know this place. Where is this place?

这个自由民主之地在人们口中相传。在这里每个人都能焕发不同的光彩。晒布闹市中你是否能听到我们的声音？这个地方就是——

Shenzhen middle school.
This is our Shenzhen middle school.
Here lies a million possibilities.
Just you see, Just you see!

深圳中学。这就是我们的深圳中学。这里蕴藏了无数可能，等待你来揭晓。

Famous for our democracy. Loving it. Yay freedom.
Sometimes it may turn into a tragedy. Hate strengthened.
Face to face with our principal strict. Talking shit.
But debates got bitter and the rumors spread quickly?

深中以民主著称，这是一大优势，但有时也会滋生一些问题。我们面对校长进行辩论，希望能解决校园中的问题。

Farewell to our old lives, we moved on to the western side.
It filled us with nothing but exercises, cold and stressed inside.
A voice saying, hang on, you are running out of time.
We started to immerse in the pages searching for ideas to strike.

高二后我们便告别过去的生活，来到高三西校区。各种题目充斥着，打击我们的信心。但一个声音告诉我们，离高考的时日已不多。于是我们开始如饥似渴地汲取知识。

Came the college entrance exam. Look! A race we refused to lose.
We kept spying on each other's moves, saying "my essay's only 52".
Started planning, tracing the paths to see where they led to,
Scattering to Beijing, Shanghai and other places in mid June.

高考将到，这是一场谁也不愿输的比赛。我们开始互相"监督"，为未来作打算，最后分散到世界各地。

Years later, when we reunite with the flame trees' view.
Reminiscing about all the chapters that we've been through.
Boys and girls, let's raise a glass to sweet youth.
In this school we can make our dreams true.

多年后，我们在凤凰树下重聚，回忆着高中的美好生活。让我们一起为青春干杯，为梦想成真干杯！

In this school we can make our dreams true.
In this school we can make our dreams true.
In this school we can make our dreams true.
In this school, this school, just you see!

在这所学校，我们可以梦想成真。

Shenzhen middle school, we are nestlings resting in your nest.
You toughened us up.
You taught us how to soar in the sky. Oh~

深圳中学，我们就像嗷嗷待哺的雏鸟。你使我们坚强，你教会我们在蓝天翱翔。

Shenzhen middle school, the universe smiles at you.
Will future remember your name?
Will they know you rewrote our fate?
The world will never be the same. Oh~

深圳中学，后人会记得你的名字吗？他们会知道你改写了我们的命运吗？世界从此因你而不同。

Seven decades have passed now. It is getting stronger.
It has shaped lives of a student and his grandfather.
It receives attention from the world.
All other schools are jealous.

七十年过去了，你更加强大。你已塑造了整整三代人的命运。你赢得了世界的关注，其他学校望尘莫及。

S, a sparkling star.
Z, a zealous reformer.
M, a modern system.
S, a sublime beauty.
And we, we're the ones who create this !

S（深）——闪耀的明星。
Z（圳）——热情的改革者。
M（中）——现代化的体系。
S（学）——崇高的美。
我们——这一切的创造者！

Here lies a million possibilities. But just you see.
Where is this place?
Shenzhen middle school.

这里蕴藏了无数可能，等待你来揭晓。
这是什么地方？
深圳中学。

第二章　学习经验篇——深中学习成长之获

深中学子｜黄炜琳

梦想并不会因为挫折变得黯淡

黄炜琳，被清华大学电子信息类录取。

性格积极开朗，活泼又不失稳重。聪明大方，诙谐幽默，目标坚定。

Q：在高考方面有哪些经验可以跟学弟学妹们分享？

A： 能考出这个成绩是我在之前没有想到的。在数学、物理学习上，我其实就是那种被老师批评的不做错题本的学生，因此也就只能说说做题方面的经验。

首先，我认为"解题方法的灵活运用"是至关重要的。高三的题目繁而杂，解题思路更是令人眼花缭乱，如果不能主动地在新题中尝试过去的解题方法，就很容易忘记，所以我十分看重用多种方法去解同一道题。

其次，运算能力也不可轻视。在高三的数学、物理考试中，一个主要的失分原因就是"思路对了，算错了"。日常练习中要关注运算的速度和准确度，优秀的运算能力会为你清除通向高分路上的阻碍。

在其他科目上我可能没有太多心得，但对于语文、英语，一定要做到日积月累，足够的知识积淀会助你在高三学习中如虎添翼。此外，多注意答题规范对任何一科都是有益处的。

Q：当初为什么选择来到深中？

A： 虽然在初三伊始我的目标一直是深圳实验中学，但我清楚地记得在看过深中七单的某宣传片后就被她的独特氛围所吸引。

深中的包容、自由和民主的校风与严谨踏实的学风令人赞叹。深中作为一个自由开放的平台，能给予不同类型的学生多种提升自我的机会，成为深中学子，就意味着拥有无限的可能性。我想正是这样的特点使我选择了深中，而三年的深中时光的确使我获益匪浅。

Q：通过三年的学习，你感觉自己有什么变化？

A： 在深中三年的学习中，我觉得自己变化最大的应属眼界。高手如云的学术环境潜移默化地改变着我对学习的看法，使我意识到自己的目光不能局限在课本中，应该抓住深中所提供的机遇，在自己喜爱的方面深入学习。从高一下学期开始，我抛弃了只专注于课内学习的想法，转而去加强学习我感兴趣的物理，开始将大量时间投入物理竞赛当中。

面对学习我也不再那么功利化，学习不只是为了一纸漂亮的成绩单或者一张获奖证书，更重要的是收获和掌握新知识的喜悦、在对感兴趣的领域的

钻研中获得的趣味。

Q：在深中，令你难忘的事情是什么？

A： 比较难忘的应属加入羽毛球单队。鲜少参加社团活动的我在看到羽毛球单队的队员征集广告后，仅凭对羽毛球的兴趣就报名参加了。令我有些意外的是我竟通过了选拔，成为羽毛球单队的一员。

现在回想起来，我想我会感谢那时参加报名的自己。通过单队练习，得以结识许多志同道合的同学。虽然最后没能代表单队参加羽毛球赛，但却使平时独来独往的我有了一些放学后可以一同切磋球技、增强体质的朋友。另外，我也认为日常的这些体育锻炼是高三能够保持高效的学习状态的原因之一。

还有就是高三参加北京大学暑期学堂的经历，在那里我对未来的大学生活有了基本的了解，同时也见识到广东其他学校的杰出人才的实力。纵然回来后被拖欠的一大堆作业和第一次模考累得够呛，但我仍觉得那次经历是我高三心路上的一盏明灯。

Q：高中三年有遗憾的事情吗？

A： 在高一初始没能专心投入物理竞赛的学习中。

那时其实得到了参加物理竞赛的机会，但是一方面拘泥于课内学习，另一方面放不下贪玩的心理，高一上学期没有认真地学习竞赛课程。在高一下学期没有被分到竞赛班之后，我才察觉到自己丢失了这张进入高水平团队钻研的门票，之后我便只能作为一名高考班的学生旁听竞赛课程。

当时的结果虽然使我有些懊悔，但它也给了我一个重新审视自我的机会。或许是塞翁失马，焉知非福吧。

Q：毕业之际，寄语学弟学妹们的一句话是什么？

A： 既然来到了深中，就应该利用好这个平台，多尝试、钻研自己喜爱的方面。梦想并不会因为挫折与失败而变得黯淡！

深中学子 | 杨一帆

趁年轻，多读点书

　　杨一帆，高考文科全省第96名，被中国人民大学录取。

　　一个数学优秀的文科生，具有明显的理科思维，同时又能解出意境和情感之美，条分缕析，文理兼修。做事一旦确定目标，便锲而不舍，执着奋斗，喜欢钻研，孜孜不倦，善于归纳整理。

　　杨一帆热爱数学和社会科学，对科学史和科学哲学也有研究。初中自学了宏观经济学，高一参加北京大学中国古代史先修课。高二利用台湾大学公开课自学了政治科学。还先修了政治哲学、逻辑学等课程。

　　他积极参与社团和学校活动，是深中"模联"学术部的成员，并参与了2015年PPRDMUN的筹备工作，还是六单足球队的一员。

深中给我最好的礼物就是让我遇见了很多优秀的人，他们给我推荐了许多很棒的书，这使我在很多方面都有所改变，变成了更好的自己。我希望能把一些自己觉得不错的书介绍给你们，更希望这些书也能帮助你们成为更好的自己。

一、读书前的准备

阅读《如何阅读一本书》

在读书之前，应当掌握正确的读书方法。该书由莫提默·J.艾德勒与查尔斯·范多伦合著，自1940年出版以来一直在畅销书榜上占有一席之地，而它内容的价值完全配得上这份荣誉。

二、自然科学

虽说我是一名文科生，但科学史算是我擅长的为数不多的理科领域之一。理科生有必要了解科学史和科学哲学，更深入地理解正在学习的科学方式，这样才能理解科学为什么耀眼。

文科生更需要了解科学史，当我们选择人文社科并依赖现代科技的时候，我们有必要了解自己把背后交给了谁，我们到底能不能信任它。我向你们推荐三本牛津通识读本，页数不多，语言通俗，非常适合入门读者。

1. **《牛津通识读本：科学革命》**

三次科学革命是推动现代文明形成的最直接动力，这些革命为什么会发生？又是按照什么方式发生的？该书介绍了现代科学的研究方法，有兴趣的同学可以再读托马斯·库恩的《科学革命的结构》。

2. **《牛津通识读本：科学哲学》**

现代科学真的无懈可击吗？我们真的能相信科学吗？至少我就知道一些人对化学的严谨性存在质疑。该书从几个角度提出了科学面临的问题，让文科生知道自己的背后并不安全，也让理科生知道自己还有很多工作要做。

3. **《牛津通识读本：天文学简史》**

天文学是最先从神学中独立出来的自然科学，早期科学很大程度上可以和天文学画等号。该书从最初的天文学讲起，描述了现代科学的形成过程。结合《牛津通识读本：科学革命》阅读，能帮助你更好地理解为什么科学是这样的。若是对科学史很有兴趣，可以阅读吴以义的《从哥白尼到牛顿：日心学说的确立》。

三、历史

鉴于我的文学和哲学底子薄，就不向大家推荐这方面的书籍，人文方面我就只说说历史。

1. 《中国历代政治得失》

这是钱穆先生给官员讲课的讲稿，非常通俗地讲述了从秦代到清代的政治制度流变，很适合历史基础薄弱的同学初步了解中国古代史。但由于是讲稿，书中有许多作者的主观评价，在阅读时要注意独立思考。建议文科生在阅读完该书后再阅读张帆教授编写的《中国古代简史》，以加强对中国古代政治史的理解。

2. 《中国哲学简史》

理解中国哲学是认识我们自己非常重要的一步，只有弄清儒、释、道的流变，才有可能理解我们为什么会这样思考。对文科生而言，拿下这本书就相当于拿下了一半的历史必修三。冯友兰先生的这部著作原著为英文，建议大家在阅读前挑选翻译较为通顺的版本，例如北京大学出版社的版本。

3. 《全球通史》

推荐这本书已经是老生常谈了，许多初中学校也会推荐该书阅读。这本书应该是我阅读次数最多的历史书籍之一，全球化的视角得以让我们跳出视野的局限，在宏大的背景上理解世界的发展。

四、社会科学

与自然科学相比，社会科学的门槛相对低很多，任何人都有能力谈论政治、经济，但不是任何人都能谈论天体物理或者分子运动。极低的门槛使我们更有必要了解其内容，否则在日常认识、思考、讨论时事的时候就会失去判断力，成为一个盲从者或者愤青。

1. 《金赛性学报告》

大部分中国的高中生都缺乏系统的性教育，而这部分教育的缺失致使我们既不了解自己，也不了解异性，对性的陌生更是造成了无数悲剧。该书于

20世纪50年代在美国出版，引起了轩然大波。从那时起，人们开始正视性，不再将其视为污秽的象征。对性学感兴趣的同学可以阅读该书。

2.《**想象的共同体**》

为什么汉族和维吾尔族都是中华民族的一部分？为何20世纪70年代末一些社会主义国家会爆发冲突？安德森在该书中揭开了民族主义的面纱，帮助我们理解我们所在的群体和周围的环境。

3.《**牛津通识读本：资本主义**》

我认为在学习市场经济理论前，首先应从马克思主义视角审视一番市场经济理论，理解其背后的逻辑。

该书应该算是了解当下马克思主义对时代认识的最佳入门读物，它从资本主义诞生开始抽丝剥茧般地解剖资本主义，一直写到当今社会，对我们理解资本主义制度是如何运作的有很大帮助。

五、写在最后

趁着年轻，人应该多读点书。毕业后我最后悔的是高二没有参加北大的微积分选修。高一、高二的同学们可以利用课余时间多读读书，自然科学、人文社科、数学、英语都应有所涉猎，一方面能增加知识，另一方面对你了解自己的兴趣、选择未来的道路很有好处。

但不是什么书都值得一读，有的书读了还不如不读。例如宣传阴谋论的、坑蒙拐骗的，以及江湖习气浓重的都不适合阅读。大家在挑选书籍阅读时可多咨询相关方面的长者或老师，以免误入歧途。

深中学子 | 李昊璋　李明璋

同时被上海交通大学录取的双胞胎，学习经验却大不相同

李昊璋　李明璋

双胞胎兄弟：李昊璋657分，省排第226名，上海交通大学；李明璋655分，省排第259名，上海交通大学。

兄弟俩阳光正直，热情大方，积极向上。学习上是班级楷模，超强刷题高手。

昊璋（弟弟）篇

⭐ 我的深中我的路

记得在初中的时候，我参加了一个名为"卓越成长交流营"的活动，也是从那次活动开始，接触并了解深中。热情的学长学姐，丰富的社团活动，多样的学习途径，以及那些充满历史感的深中象征之一——凤凰木，都深深地吸引着我。

后来，经过三年的努力，我终于踏入深中的大门，成为在凤凰木下挥洒青春的深中人之一。我的深中路，也从那一刻正式开始。

在高中开始前，我对这条路的坎坷有过一定的心理准备，但现在想起来，自己当时还是有些自大了。刚开始的时候，就跌了跟头。我虽考进了荣誉体系，但差不多是贴边进的。而且身边的同学经过老师提点一下就明白的知识，我费很大的劲儿都不一定明白。

在高一那段时间，我跟同学的差距非常大，大到别人考90分，我考50分。现在回头看看，我才认识到，主要问题是个人懒散自大。中考考得还不错的我，尾巴翘到天上了。

所幸，我清醒得还不晚。高一上学期分班，我被分到了2个平行班之一，未能进入竞赛班（1个）和自招班（1个）。这次打击让我痛恨自己的懈怠和无所谓，也让我开始正视差距，以一个追赶者的身份狂奔——没有退路了，而且内心的骄傲也不允许我再逃避。

接下来的一年，我痛并快乐着。每一科都有两本以上的题要做，晚自习的时间永远不够。但要承认，这样的痛换来的果实，才是最甘甜的。

一位高三的物理老师说过，学生时代是最纯洁的时代，你努力了，就会有回报。但无论如何，你要相信自己是一个"增函数"，现在进步不明显，只是因为努力这个自变量不够大。

即使是 $f(x)=\ln x$，当 x 为 e 的一万次方时，$f(x)$ 不也很大吗？

这个信念，一直影响着我。

当然，这条深中路上，少不了朋友的支持。无论是老邹的问候、阿泰的嬉笑、葛哥的幽默、小杜的吐槽、詹宝的陪伴，还是天团诸位的鼓励，都是我这三年最珍贵、最温暖的回忆，是我通往深中之路的前进动力——我不能让他们失望。

高一、高二的活动也很丰富，无论活动的结果如何，体验了、经历了就是一种收获。

终于，到了高三。高三是累的，这点我不想说谎。不累的高三不是高三。调整心态，反复梳理，一点一点找问题，高三就显得不那么漫长了。

如果沉下心来刷题，用好计划本，高三其实也过得很快。这一年让我印象最深的，不仅有同学们一年如一日的坚韧不拔，还有苦中作乐的情怀。

一架纸飞机，让六层楼的人像电线杆上的麻雀一样探头向外看；一个毽子，成为班级活动的焦点。每天都有新的梗，每天都有笑声，绝不沉闷无聊。

高三的日子，就是在本子、卷子、毽子中度过的。

苦吗？苦。

开心吗？开心。

在此之前，从来没有一个时期，能用这样矛盾的词形容：痛苦、快乐；难熬、短暂。

这是我的深中，这是我的深中路。有朋友，有坎坷，有甘果。

付出，迟早会有收获。这是深中三年给我的启示。

明璋（哥哥）篇

★ 高三学习的感触与建议

高考已然结束，回首过去，感慨良多。

曾与同学戏言："为什么在中国18岁才算成年？因为有高三啊。"

回味高三，最大的感受就是苦，真的苦。我一直很讨厌轻松学习、快乐学习这样的说法。只要是学习，就不可能轻松，快乐学习只对极少数人成立。身为一枚普通的"高三党"，我的高三很苦。

"板凳甘坐十年冷"这句话对高三同样适用，高三不只是学习，它是修身，更是修心。打磨的过程是痛苦的，但这是要得到光彩耀人的宝石必不可少的一步。

一年里，你会遭遇许多挫折：尽管努力学习了，成绩却始终上不去；复习工作准备充足，却比不上别人一晚上临时抱佛脚；会自责，会迷茫，甚至会放弃、会松懈。但请记住，上天是公平的，今日的努力不一定会在明天见效，但必将在未来兑现。

物理科陈洪洲老师对我们说："当你步入社会，甚至进入大学，你会发现高三的珍贵之处——公平。也许未来你会靠小技巧达到目的，但在这里，唯一能拿得出手的是努力。你努力了，终究会上去，你放弃了，谁也救不了你。"人们救不了自甘下沉的溺水者，不外如此。

回到前面的话题，高三修心，修的是扛得住压力的强大的内心。上了高三，老师、家长会一遍遍跟你说，成绩不重要，重要的是找自身的问题。但实际上，真的能完全放下吗？未必。任谁看到自己排名低、成绩差都会不舒服，这很正常，但决不能被这种情绪左右。

问问自己，是知识点掌握不全，还是应试心理不对；是过于紧张，还是放松过度。要深入剖析，决不能流于表面，以马虎为借口。陈洪洲老师有云："粗心大意的实质还是对知识点、对题型的掌握不到位。"找到失误的原因后，针对其调整复习计划。可能这个缺点会在考试中频繁出现，这时你应该欣喜，因为这也许是自己最大的问题，要着重处理。

对知识点，其实不用过多担心，只要肯下功夫，经过一年的系统复习后，知识点基本不会有缺失。

从高三下学期开始，你要学会在模拟考试中寻找高考的感觉，包括做题顺序、应试技巧、考试心态乃至文具的款式等。这样，在面临高考时，你会更冷静，更沉着。

关于做题，初期题量是一定要保证的，这能加深你对知识点的理解，也是初期提分的重要手段。刷不同题型，能让你的思维更开阔。

要注意的是，题不用过多，但一定要精。用特殊值等取巧的方法也许能得到这一题的分，但解决不了同类题型的其他题，尤其像高考这样注重基础知识考查的考试，基本不会有让你取巧的地方，因此，一定要注重通用解法，做到一题通、百题解。

像英语、语文这样的学科，背记的东西多，我们要学会利用碎片时间。早读前五分钟、食堂排队时、晚自习前10分钟都是黄金时间。背过的内容要时常回顾，你会发现，背的内容依旧是那么多，但所要的时间会越来越少。

对于错题本，我更乐意将它称作积累本，在上面记的不仅是错题，还有重要的知识点、公式、易混概念等。不止理科要有错题本，英语、语文同样需要。错的题不一定要全盘抄录，将错的地方记下来即可，也许是题中的陷阱，也许是遗漏的复习点，甚至也许是老师从没讲过而题中出现的知识点。时常翻看，待到复习时你会发现轻松很多。

高三很忙，这就需要你有严密的时间规划。开学时，老师会发下一本书，你可以在上面给自己做时间规划，详细至每一学科做什么题，什么时候做，今天要买什么书，如此写下来，让自己效率最大化。

高三最重要的是什么？是坚持。很多同学（也包括我）在前300天发奋学习，却在最后二十几天松懈下来，就像弹簧超过弹性限度一样绷不紧了。其实在这时每个人都很难，都很累，行百里者半九十，最后的冲刺是最累的，没有别的解决方法，唯坚持而已。

受不住时问问自己，想要什么样的生活，想要什么样的未来，没有高考自己行不行？撑住，撑不住也要撑住……

高三时，学会不被外物干扰很重要，外物不仅是游戏、Wi-Fi，还有学校、老师、同学、家长。不能盲从学校的复习规划，自己的计划与学校的规划相结合才是正道，老师也是如此。不要因为同学的成绩好而苦恼，这只是自我折磨，你的对手永远是你自己，不停地超越自己，最后你会发现，你已超越了同学。

高三一年，给你最多支持的，是父母。这点我深有体会。父母也许给不了你学术的帮助，但绝对能给你精神的慰藉，这在最后时段尤为重要。

比如我的父母，每周雷打不动送两餐饭，询问我的身体、精神状态，在家说话都不敢大声，只想尽力创造好的学习环境。现在回想，自己当时做得实在不好，把他们做的当作理所当然，心有愧疚。请别把父母当出气筒，请与他们多一些交流，对他们是安慰，对自己是倾诉。

总之，困难是有的，挫折是有的，迷茫是难免的，但终有彩虹，终有硕果。

综合篇

★ 最后给学弟学妹们的话

高中三年，你会面临许多选择，选体系、选课程、竞赛、出国、社团活动，选择的过程其实就是剖析自我、认识自我的过程。明白自己要什么，知道自己想干什么，这很重要。选择时要慎重，选择后要坚持。毕竟，自己选择的路，再困难也没有后退的理由，不是吗？

苦心人，天不负。
——李昊璋的坚持

我果为洪炉大冶，
何患顽金钝铁之不可陶熔；
我果为巨海长江，
何患横流污渎之不能容纳。
——李明璋的劝勉

学弟学妹们，愿你们在高中的旅途中，阳光灿烂！

深中学子 | 姚天希

被清华录取的"模联秘书长"

姚天希，高考以670分获得广东省理科第86名，被清华大学（预）录取。

作为班长，有担当、有能力，亲和力强，很受同学们的喜欢。

⭐ 一千个人有一千个人的"深中",我眼中的"深中"是"学会选择,敢于选择"

我眼中的深中是"学会选择,敢于选择"。从放弃直升中考报考深中,我选择了离开自己习惯的舒适区,到陌生的深中求学。

深中是以学生为主体的学校,为同学们提供了很多的空间和选择,从进入深中后选择荣誉体系、参加"模联"到选修自己感兴趣的校本课程,选择的过程使我更加充分地认识到自己适合什么。即使为此要付出更多的精力,最终依然不会轻易放弃,而这些都是学业成绩以外的成长。

因此,我想对学弟学妹说,我们不必对自己过早设限,世界那么大,不妨敢于接招,试试自己有多大的可能。

心理学家罗杰斯说,好的人生,是一个过程,而不是一个状态;是一个方向,而不是终点。人生其实就是不断突破和成长的过程,即使走点弯路,也有别样的风景。

⭐ 三个重要的选择,让我更加了解自己

高中三年,这几个选择对我来说很重要。

首先是选择荣誉体系。从小学起,家里一直是准备送我出国留学的,而且深中的国际体系名声在外。

进入高中,我面临的第一个选择就是:选择国际体系还是荣誉体系。由于自己当时尚不完全确定是否本科出国,因此我选择了荣誉体系,当时是打算如果以后确定出国,高二再转国际。

而恰恰高一在荣誉体系的学习使我确定本科不出国,参加国内高考。我去过美国、英国等国家,参加过美式夏令营、美式数学竞赛和各种英语辩论赛,最后发现自己还是喜欢中国环境和中国文化。

我平常接触的朋友,喜欢的电影、音乐、书刊等已经很国际化,国内高校也可以提供很多国际交流的机会,留在国内学习一样可以有全球视野,关键还是看自己是否有持续学习的心。所以,选择参加高考,是我在深中的第一个大决定。

其次是选择参加深中"模联",并很荣幸担任秘书长。我高一就加入深中"模联"担任学术部干事,真的就是"干事"的。因为"模联",我看到了很多平时不会接触的书和文章,这不仅让我接触到更广阔的学术范围,也锻炼了自己与各方合作的能力。

高二时,我非常荣幸能接任深中"模联"秘书长。深中"模联"强人汇聚,历年的学长学姐才华横溢,学术部、公关部、行政部、技术部各路强人云集。其实自己也并不是各方面都最优秀的那个,然而一年下来,我向强者们学习了很多,并在前任和时任秘书处的帮助下完善补足,发现并发挥了自己的特长。

自己能带团队,能够发挥各人所长,协调成员共同完成任务,关键时刻能承担起秘书长的责任(当然也锻炼出了拎饭盒的臂力),这些都是当初的选择给我带来的成长。

我偶尔会想,如果当初我没有选择"模联",而是潜心学习,我的成绩单也许会更漂亮一些,然而社团给我打开了完全不同的天空:事无巨细带领大家完成目标,广阔的学术范围,与优秀同辈一起共事建立的情谊……这些使我的高中生活非常丰富。

最后是依从自己兴趣选修的丰富的校本课程。高一、高二时我选修了一些完全不搭的校本课,包括Junior Achievement的经济和商业课程,担任学生公司CEO,还有插花艺术、趣味生物实验、中外文化经典选读,等等。这些课看上去和高考没什么关系,但因为是自己喜欢的,所以让自己在繁重的课业中能保持愉悦的心情,保持良好的学习状态。而且,这也是我对自身可能性的探索,能从中发现、找到适合自己的发展方向。

当然,选择太多也会花了眼。对一些人而言,可能没有选择才是最好的出成绩状态;对我而言,尝试过多元的选项,使我能更加了解自己,依从内心。

★ 社团活动与学业成绩二者并不冲突

我觉得参与社团活动,首先可以更好地认识自己。"模联"会议要经常准备会议的背景文件,为了背景文件更完美,我可以专心地反复修改到凌

晨,所以明白自己需要做事认真、追求完美。高中三年担任荣誉自主招生班的班长、副班长以及"模联"秘书长的经历,让我认识到自己具有"团结大伙"一起共事的特质,适合与"人"打交道。这些自我认识,对自己选择大学、选择专业等都非常重要。

其次,社团里可以认识很多志同道合的同学以及优秀的学长学姐,大家为完成共同目标(例如举办2015、2016年泛珠三角模拟联合国大会)而建立的革命情谊弥足珍贵,朋辈的智慧和能力也让我在相互学习中获益匪浅。

最后,社团也能增强学习热情。的确,社团活动需要投入很多时间,有时候与学业时间会冲突。为了维持还可以接受的学习成绩,必定要付出更多的精力。但社团活动是做自己喜欢的事情,做起来会很有精神,这种良好的精神状态也会提升学习效率。

同时,为了能够安心搞社团,也为了不给社团抹黑(毕竟我的上一任秘书长录取到沃顿商学院,常务秘书长考入北京大学光华管理学院),自己也会有意识地想要维持好成绩,并在优秀的朋辈影响下更加自信,更有学习动力。

而且,我认为学术与社团其实并不完全冲突,二者间很多东西是互通的,比如对做事情认真、投入和坚持的要求。

★ 学习经验——适合的方法和节奏很重要

具体的学习方法各路"学霸"已经分享很多,我只是想说,找到适合自己的方法和学习节奏很重要。此外,分享以下三点个人经验,应该有某种普适性。

首先,相信自己。深中今年出国录取取得了辉煌成绩(我们"模联"的"邵神"被哈佛大学录取),我也不禁会想,如果自己当初也选择出国,应该也会录到不错的学校吧。这只是一闪而逝的念头,毕竟我明白自己选择的路是适合自己的。较之于出国,选择高考是更不容易的升学路。我的经验是,如果学弟学妹们已经选定了自己的方向,那就相信自己选的一定是最合适的,不要轻易被外在的东西动摇,做好自己,前面的风景一定会更好。

其次,好的心理状态非常重要。以我自己为例,轻装上阵可以考到年级第三，过分在乎成绩考得往往不如平时理想。因此，高考前我有意识地调整自己的心态，没有把它当成人生大考，和平时一样吃得饱睡得好，一直是比较放松的状态，结果也算如意。

再次，感谢高考路上有同伴同行，互勉互励，成就更好的自己。我所在的荣誉自招2班，学习氛围非常浓，团队意识强，同学感情非常好！大家互相团结，互相帮助，你追我赶，互相勉励，我们每次大考既有常胜将军，也不乏黑马涌现，谁也不敢松懈。高考成绩也不错，大家非常努力，省前30名班里就有5人……人人可上名校！很开心高三一路有你们同行！一日深中人，一生深中情！ 感恩深中！

最后，希望我的经验对学弟学妹们有所帮助，寄望学弟学妹们找到适合自己的方法和节奏，活出自己的精彩！

深中学子 | 李诗瑶

深中没有让我忘记蓝天与星空

李诗瑶，高考679分，广东省理科第24名，被清华大学电子信息类录取。

诗瑶同学聪明伶俐，优雅大方。学习生活中有各种独特的想法和思路，是一个很有灵气的女孩。

高中三年转眼而逝，经历了懵懵懂懂的高一、跌跌撞撞的高二、什么都做了又似乎什么都没做的高三，我终于为自己的高中生活画了一个出乎意料的圆满句号。

三年前对高中一无所知的我因为"可以带手机"而选择了深圳中学；三年后带着丰富的回忆写下这些文字的我，丝毫不为当初"轻率"的决定而感到后悔。

我很感谢深圳中学一直致力于营造平等、自由的学术氛围，这带给了我更加丰富的高中生活，没有让我成为一个死板的"刷题机器"，没有让我忘记头顶的蓝天与星空，没有让我将自己的灵魂落在身后。

从深圳中学一路走来，我把自己的成长看在眼里。学业当然是高中生活的重头戏，但学业上的进步是知识上的长进，我不认为它是个人成长的一部分。

老老实实地听讲，踏踏实实地做功课，扎扎实实地迈好每一步，便是对得起自己了，无论最终结果如何，总归是收获颇丰的。对我而言，最大的成长就是在兴奋与窃喜中、在失望与无奈中、在焦虑与急躁中学会了如何调整心态。

高一、高二的心境已很难再去回想和琢磨，但刚刚过去的高三——应该是我高中三年中情绪波动最大的一年，仍令我无法忘怀。

从最初像面对一张白纸一般茫然无措，到一轮复习时的跃跃欲试，到第一学期末的渐入佳境，到第二学期的意兴阑珊，到自主复习前的急不可耐，到临近高考时的心如止水。

我想应该不是每个人的高三都要经历如此复杂的心路历程，这一年中我尝试过许多调整心态、放松自我的方法。

跟爸妈彻夜长谈，周末去看解压的电影，在失眠时听从奶奶的建议给自己做毫无意义的按摩，也有因个人请假过多经常跟班主任谈心，协助心理调整……很难说这些方法到底有没有见效，但高考前我的心态确实调整到了非常平稳的状态。

自主复习阶段，我每天放学后的安排是这样的：花一个多小时回到家→玩玩手机→等我爸回家一起吃饭→吃饭的时候看看电视，当时还看完了好几部电影→出门溜达，聊聊天→回家洗澡→泡泡脚→十点多上床睡觉。以至于

高考后我并没有觉得特别兴奋，仿佛经历了一个十分平稳的过渡。

总体来说，高三阶段我认为要调整好心态可以从两个方面考虑。

一是自己的内心

心理状态只能靠自己调整，只能靠自己抚平内心的涟漪。

我喜欢在情绪有比较大波动时想一想宏大的事物，比如想一想无垠的宇宙——想一想火星上的夕阳在蓝色霞光里缓缓落下，想一想木星大红斑里的风暴正在旋转，想一想不知名的恒星正要爆发成超新星，想一想数千光年外的"创世之柱"赫然伫立，想一想数亿光年外的两个超大质量黑洞在回旋……

这些宏大的事物总能让我清楚地认识到自己的渺小。人的一生在宇宙中何其短暂，与之相比，一道做不出的数学题、一次发挥失常的考试甚至是高中的终极目标——高考，又算得了什么呢？

如此一想，我心中的紧张、焦虑或失落便烟消云散了。当然，我的方法一定不适用于所有人，但只要记住那些消极的心理都只是感觉而已，都只是蔽日的烟云，终会散去。既然终会散去，又何必紧张，何必焦虑，何必失落呢？

二是外界环境

有时需要与外界环境有所交流。其中最重要的就是在生活中找到让自己感到放松的方法，对我而言，解压的电影就是最佳的选择——高三时我可以为了电影中的演员、背景音乐甚至是一个几秒钟的镜头而把一部电影看了一遍又一遍。

这是从外部寻找放松的途径，与此同时，也一定要向外倾吐内心的烦闷。心里有话不能憋着，无论是老师、同学、朋友还是家人，任何一个愿意伸出援手的人都可以成为倾诉对象。刚上高三时我迷茫、焦躁，面对一轮复习资料，我有时不知从何下手，时常在饭桌上一拍桌子或是在走路时一拍大腿，便开始倒苦水。

虽然说的都是些毫无营养的废话，但我很喜欢这种一吐为快的轻松感与随之而来的好心情。

有时也需要把外界环境屏蔽在外。深圳中学高手云集，高中三年你我都需要面对身边同学带来的压力：谁又刷完了一本金考卷，谁又没交作业"偷跑",谁又点灯夜战打算"弯道超车"……

曾为之慌乱,因为我并不擅长刷题,有时连作业都写不完。为此,在高三很累的阶段,我也曾后悔怎么就来了这个不一样的深中,现在想来却是心怀感激。

高三哪里不是这样的呢?感谢高三教会了我最简单的道理——专注。专注于自己所做的事,不去想其他的琐碎。每个人都是不同的个体,别人走的路是别人的,对我而言不一定合适,我要做的不是左顾右盼、瞻前顾后,而是应该看好脚下的路,走好每一步。

三年过后,虽然我并不一定具备了深中那些极其优秀的学生的特质,但我仍想为自己鼓掌。

很感谢在深圳中学遇见的老师和同学,很庆幸在深圳中学的这三年里一次次的摸爬滚打,它让我懂得了什么是"放宽心""平常心",让我知道了怎样拥有平静而温和的心态,爱自己,爱他人,爱一花一叶,爱一草一木,爱一鸟一兽,爱自己拥有的一切,爱生活给予的一切,爱这个美丽而神奇的蓝色星球。

祝福深中,我爱深中!

深中学子 | 谢文皓

清华降30分录取的阳光男孩，他说高考是"团体赛"

　　谢文皓，获得清华大学"领军计划"30分降分，高考662分，省排名第158名，被清华大学录取。

　　文皓聪明机灵，灵动敏捷，在学业和生活上都有自己独特的执着与追求，理科课堂上往往有自己独特的思维与方法，让老师和同学们拍手叫绝。他目标明确，是一个大气的阳光青年。

大鹏潮再起，凤凰花又开，六年时光如白驹过隙，感谢在这里遇见美好的你，感谢在这里变成更好的自己。随着高考帷幕的落下，在这百感交集的毕业时刻，亲爱的母校、亲爱的老师、亲爱的学弟学妹，我有千言万语想与你们说……

★ 母校

感谢您，亲爱的母校，给予我多元发展的机会。

高一入学时，我参加了物理竞赛小组，进行高难度、高强度的物理竞赛学习。我参加了先锋中学生社团，参加了多项社会实践活动，提高了我团队协作、待人接物的能力。同时，我也没有放松课内学科的学习，成绩维持在体系前列。

正是课内的优异成绩让我获得了参加清华大学"领军计划"的资格，正是扎实的数理竞赛基础让我在"领军计划"笔试中顺利通过，取得面试资格，也正是参加社团的经历让我在面试中脱颖而出。

我获得的"领军计划"30分降分，与母校给予的多元发展机会密不可分。感谢母校，是您让我踏向梦想的步伐更加坚实。

★ 老师

感谢您，亲爱的老师，教会我功不唐捐的道理。

功不唐捐，即任何努力都不会白费，一分耕耘，一分收获。高三一年，老师们叮嘱我们要巩固基础知识，不要忽视简单题的训练。

数学里的概念题型，英语里的词汇搭配，语文里的成语、文化常识、实词虚词等基础知识的积累，理化中与生活相关的知识点，生物课本中的每个字、每句话、每张图，表面上看，掌握这些知识点不能立竿见影地提升成绩，但只要有缺失，少背一个，可能就会丢掉3分、5分甚至6分。

正是老师对我的教导，让我更重视基础知识点的学习和训练，使我能触类旁通、举一反三，不断提升自己运用基础知识的能力，最终才能在考试中游刃有余。

⭐ 学弟学妹

在这里，我想和学弟学妹们说：怀有一颗平常心。

高三一年来，西校红榜上的名单变了又变，一楼楼梯口的红纸表彰换了又换，我曾因名冠三甲而沾沾自喜，也因榜上无名而惶惶不安。

正如范文正公在《岳阳楼记》中所言，"不以物喜，不以己悲"，考试的浮浮沉沉是正常的，不要因为这些所谓的成与败，影响自己的心态。

考好了忌倨傲，考差了勿自卑，不要在意名次，怀有一颗平常心，坚定地走好脚下的每一步，朝着既定的目标不断进发，相信你的梦想终能实现。

最后，我还想和学弟学妹们分享一下学习经验。

高考是一场"团体赛"，要的是全局的胜利，所以要均衡各科，补弱扶弱，力争强科更强，弱科达到中上水平。向弱科要分数，是提高总分最有效的途径。

一是查找薄弱原因。某个学科分数低，往往是在知识和技能的掌握上存在缺陷，或者是记忆不牢，或者是理解不透，或者是应用不熟练，应对照大纲，回归课本，从对基础知识的掌握、解题思路的科学性等方面找出症结所在，查漏补缺，及时弥补，实现有效提分。

二是树立补弱目标。在短时间内提高弱科的分数，快速提高总分是补弱的目标。补弱不能追求满分，要有所侧重，有所放弃。现实的目标是稳拿难度低的题目的分数，集中力量突击难度中等及偏上的题目，放弃难度高的题目。因而，补弱的关键在于补基础，多做基础题型，掌握知识点，掌握答题技巧。

三是科学安排补弱。首先，应尽早做补弱的准备，从一轮复习开始就着手补弱。其次，在紧跟教学进度的同时，将可自由支配的时间主要用在攻克薄弱学科、薄弱知识点和考点上。再次，对于每日老师安排的作业，建议先做弱科再做强科，否则等有兴趣的科目做完了，人也疲了累了，再做弱科时，就更费劲，补弱就更难了。最后，分值越大的弱科越要先补，分值越大的薄弱环节越要先补。

四是补弱还应在减少错误上下功夫。要减少错误，用好错题本尤为关键。定期归类整理错题，分析出现错误的原因，明确是属于知识型错误、思维方法型错误还是运算错误，不断总结，不断提高，从而使对弱科知识的理解更深刻、掌握更牢固、运用更灵活。

五是补弱还要主动配合老师强化补弱措施。关键是主动沟通，虚心听取老师的合理建议，提高补弱的效果。补弱的同时也要注重扬强。扬强要求在稳拿中低难度题分数的基础上，在难题上狠下功夫，"精"刷历届高考压轴题、名校模拟压轴题等。不仅全国卷要刷，难度高的地方卷也要刷。及时总结，归纳错题，不断提高。深中学子理科见强，实验题也要拿满分、高分，注重实验操作规范性、实验设计严密性和科学性，学会正确、简练地表达实验现象、实验步骤、实验结果以及结论，保持理科强势。

此外，要防止因非智力因素失分，会做的题要拿满分。平时做题就要严格要求、严格训练，努力养成书写工整、解题规范、作图规范的习惯，细心审清题意再动笔，谋定而后动，全盘考虑后再下笔，力求一气呵成，务必做到每一步都准确无误，保持卷面整洁，杜绝失误。

亲爱的学弟学妹们，为了实现人生目标，为了深中的荣誉，愿你们拿出"天生我材必有用"的信心，愿你们拿出"吹尽狂沙始到金"的毅力，愿你们拿出"直挂云帆济沧海"的勇气，带着凤凰花般热烈的梦想，心怀感恩，不忘初心，砥砺前行，致敬激情燃烧的青春！

第三章
校园生活篇

——缤纷生活深中之情

深中学子 | 邵卓涵

深中为我们提供了探索不同可能性的平台

邵卓涵，深圳中学第一位被哈佛大学录取的学生。"邵神"，温和谦逊，有领导力。

尊敬的老师，亲爱的同学们：

大家好！我是高三（21）班的邵卓涵。非常荣幸今天能有机会在这里和大家分享自己作为2017届毕业生一员的感想。时光匆匆，在迈上讲台的这一刻，我似乎又回想起了三年前的入学典礼。三年前，我们也是在这里开始了我们在深中的旅程——还记得当时的我怀着激动而紧张的心情打量着身边一张张陌生的面孔，一遍又一遍地看着"从晒布，到世界"的深中宣传片，心中默默地想着，这所学校究竟将给我带来怎样的改变。每一天的改变或许不大，但三年的改变也是不小的——旧的B栋和四栋宿舍楼成为历史，有品楼和东门中心城改变了深中周边的餐饮业格局，教工宿舍的后门不再见到外卖小哥匆忙的步履，钥匙妹跨年的传统暂时成为记忆，身边的同学创作了新的深中宣传片，我们也从懵懵懂懂的学弟学妹熬成了"学祖宗"。细想起来，天井的校猫还有着自己的一片天地，朋友圈里时常听见批判思考的声音，高一的学弟学妹如同当年的我们在往返长沙和井冈山的火车上留下了数不清的"黑照"，那些我们熟悉的"深中元素"依然或多或少地存在着。三年以来改变最大的，也许还是我们自己。

回顾这短暂而充实的三年，我渐渐地发现，深中带给我们的不仅仅是一个"结果"，还是一个探索不同的可能性、不断发掘自我潜能的过程。总是会想，如果开学时选择了不同的体系，如果分到了不同的宿舍，如果在社团招新大会上填写了另一份申请表，如果在面临每一个小小的决定时做出了不同的选择，那么我们会不会结识另一群有趣的人，留下不同的校园回忆，在深中活出不一样的精彩呢？是的，深中开放、自由的环境给我们提供了探索不同可能性的平台，但也让我们时时刻刻面临选择——从"今天中午吃什么"这个每天最重要的问题之一开始，我们选择不同的参与校园生活的方式，选择在学业和课外活动中找到一个平衡点，选择为了一个更大的目标做出艰难的取舍。

还记得在高一的心智活动中，我们互相问彼此"你相信什么"和"你决定什么"。当时的有些想法，现在或许已经不再相信了；当时做出的一些决定，现在或许会很欣慰，或许会有后悔。但通过不断的尝试和反思，我们发掘了自己的热情和兴趣，逐渐学会了如何自主地做出成熟的决定，并用坚定的使命感和目标感去推动自己完成曾经看来不可能完成的事情。

展望未来的大学生活，无论走到哪里，我相信深中人都能始终带着这种使命感和目标感去面对人生的每一次选择，把握住每一个锻炼自我的机会，用不懈的努力去诠释那句我们耳熟能详的座右铭："未来不是我们要去的地方，而是我们要创造的地方。"

三年，我们眼中的深中不再是那个宣传片上遥不可及的学校，而是一个真实可感的，由一个个开心、失落、感动的小故事组成的，可以称作"家"的地方。这所学校的丰富多彩没有办法按照今年高考作文的思路用两三个关键词概括：无论是高考、竞赛还是出国，也无论是在学术中挑战自我、在"两会"上推动校园民主管理、在"学活"组织校园活动，还是在社团发挥力量，每一个独一无二的深中人都在校园的各个角落用自己的努力去丰富"深中人"这个词的内涵。

"深中人"早已成为我们引以为傲的共同身份。还记得从高一的国际体系搬迁问题，到高二实验体系力行活动的争议，我们从来不将这些问题仅仅看作一个体系或者校园中一部分人的事，而是共同参与到对它们的讨论和解决中；记得高一、高二在"模联"和不同体系的同学共事，我们学会理解彼此的个人目标和时间安排，在彼此忙碌的时间互相补位，为了社团的发展和 PPRDMUN 的成功举办而共同努力；步入高三，我们分别身处西校、东校，一边和"王后雄"、"五三"、模拟考斗智斗勇，另一边和 CB（College Board，美国大学理事会）的文书纠缠不休，无论是"2017，绝尘一骑"高考备考的响亮口号，还是申请放榜日前满朋友圈的"转发这个肠粉你将听到这个月最好的消息"，我们都为成为更好的自己，在不同的路上洒下了共同拼搏的汗水。而在高考前的这一天，不论体系，不论年级，我们纷纷换上了"深中加油"头像，希望凤凰花终能绽放，希望每一个深中人三年的努力都能换来满意的结果。

临近毕业，也许每一个人都有一个还未完成的"心愿列表"——想再吃一次西校炒粉或是有品楼的小炒，想再在咖啡屋点一杯饮品，想再在C栋五楼看一次日落，想再参加一次社团活动，想再跟着太极课的老师"左手右手一个慢动作"，想要给老师和同学们写一张明信片。以前一位"学霸"学长半开玩笑地和我说，他想再做一次高三的理综卷。然而，回忆虽多，我们终归还是要继续前行。有人曾经说："昨天是一张作废的支票，明天是一张期

票，而今天则是你唯一拥有的现金——所以应该聪明地把握。"无论我们以怎样的心情迎接高考或申请的结果，我们都应该认识到，大学仅仅是一个新的起点，并不能对我们的人生起到决定性的作用，未来的路上机会还有很多，只要能以积极的心态面对，就一定能将未来牢牢地掌握在自己手中。

凤凰木下，花开花落又三年。我们期待看到未来的"深中人"将为我们熟知的校园带来怎样不同的可能性，也即将带着深中所赋予我们的品质、能力以及"校友"这样一个新的身份迎接新的生活。

说起深中的校友圈，想在这里分享一个小故事：在申请季后，我有幸认识了理想堂的黄鹃娟学姐和莫一夫学长，他们都曾是深中的学生。大学毕业工作多年后，学长学姐依然关心着学校的发展，在深中高一实验体系开设了"城市观察与研究"课程，鼓励深中学生拓宽视野，探究城中村，并在今年深入指导了深中的学弟学妹参加中国大智汇创新研究挑战赛。在平时聊天的过程中，学长学姐经常提到天南海北认识的深中校友，在与学弟学妹交谈时眼神里总是流溢着热情和期望，越发感觉到即使毕业后的"深中人"，即使联系不再像以前频繁，但心里依然保有着对"深中人"这个身份深层次的认同。

今年恰逢深圳中学建校70周年，校友会正在征集70年来历届校友的毕业照。不知为何，在校友会的推广文章上看到1950年那张写着"宝安县县立第二中学第一届毕业同学摄影留念"的满带历史感的黑白照片时，内心深有感触，庆幸自己能成为深圳中学行进历史中的一分子，希望未来即将走向天南地北的我们再次相聚之时，内心里还能保有深中给予我们的精神，还能保持这份深深的感动和认同。

感谢深中给予我人生至今最精彩的三年，也希望在一代又一代"深中人"的努力下，我们所热爱的母校——深中，这个亲切到不能再亲切而熟悉的字眼——能够越办越好。为此，2017届的毕业生还为母校准备了一份意义特殊的礼物——我们在校园中镌刻着"守望"的石刻旁种下两棵凤凰木，将我们对于深中的思念和期望寄予它们。在凤凰木下，一代代"深中人"播撒梦想，留下了青春拼搏的汗水。凤凰木，已然成为我们心中深中文化和深中精神的象征之一。虽然我们即将离开校园，各奔东西，但正如我们的校歌之一《凤凰木》所唱的那样，"今天我们守望在你的身边，明天是你陪伴我们驾长风"，我们希望凤凰木能够代表我们见证母校未来的发展与变化，也期待我们所崇尚的深中精神能够在校园里生生不息、生根发芽。

经过了成人礼的成长洗礼，我们逐渐学会了如何面对和承担更多的责任。高考结束，申请季完结，当我们站在新的起点上回顾过往之时，我们会发现，我们成长的每一步都离不开父母的支持、鼓励和奉献。在高三我们为理想冲刺的一年里，我们要感谢父母不仅始终在精神上鼓励我们，更在生活上悉心照料我们，在我们最无助的时候做那个永远支持我们的人。让我们用热烈的掌声，向关心我们、支持我们的父母表达我们的感谢！

"桃李不言，下自成蹊。"凤凰木下，还有这样一群人，他们是知识的传播者，是追梦路上的引路人，带领一代又一代的学子提升能力、超越自我。他们是三年来为我们辛勤付出的老师。他们为我们留下了太多感动的回忆——或许是一次课后的对话，或许是课上细致的讲解，或许是平日里的关心，或许是考前一个坚定的眼神……师恩难忘，让我们为我们敬爱的老师们系一条蓝色丝带，表达我们对老师丝丝缕缕的感谢之情。让我们用掌声欢迎2017届毕业生代表为我们带来一首《蓝丝带》，祝老师们桃李满天下！

今天是我们三年高中生涯的尾声，但并不是我们与深中故事的结尾。作为深中毕业生的我们，又将为我们和深中的故事续写怎样的篇章呢？"从晒布，到世界"，我相信，深中人的脚步将永不止步，期待我们未来在世界的各个角落相逢，在多年以后凤凰花开的时节再相见。

谢谢大家！

第三章　校园生活篇——缤纷生活深中之情

深中学子 | 马筱源

从懵懂少年到芝加哥大学准留学生，我在深中经历了什么

马筱源，被芝加哥大学提前录取。

一个爱好舞蹈的邻家女孩，在校期间，参加多个学科竞赛并取得了良好成绩。

209

★ 享受成长，不断探索

高中时光飞逝，转眼已经到了高中的最后一个学期。在深中，我收获了许多成长，从一个懵懂的少年成长为一个有思想、有主见的准留学生。在这里，我想和大家分享一下一路走来自己的一些经历和心得。下面我从学校社团、学科竞赛、研究类项目和申请季经历四个方面来谈一谈我的感受。

深中多种多样的学生社团是一个非常好的探索兴趣的平台，也是我高中成长不可或缺的一部分。中国舞社帮助我延续了十几年来对中国舞的热爱，同时使我从公益表演中深刻体会到舞蹈的影响力和意义。在TH水果公司的工作拓宽了我的视野，使我有机会学习商业运行模式，并与社会上的公司合作，不断完善我们公司的架构。学生社团的管理既培养了我的自主性，又提高了我解决问题的能力。全情投入这两个我热爱的社团是我很正确的选择。

在高一、高二，我也尝试参与了多个学科类的竞赛，包括两届的十项全能、全美数学竞赛、高中生建模、滑铁卢化学竞赛和广东省天文奥林匹克。非常感谢深中为国际方向的学生提供的这些竞赛机会，使我有机会在参加比赛的过程中不断挑战自己，同时认识一些来自其他学校或者全国的优秀高中生。我把每一次比赛都当作一次宝贵的学习机会和成长经历，而不会把获奖结果看得太重。在准备十项全能比赛时，我把同时学习多门陌生的学科当作一个拓宽知识面的捷径，并利用课余时间阅读了一些教材建议的图书，获得新知识所带来的快乐远多于一张奖状。我也抱着这种心态在自己最感兴趣的方向进行了学术研究。

学术研究对初入高中时的我来说是不可想象的，怀着对化学的兴趣，我在高一暑假参加了宾夕法尼亚大学的化学研究夏令营。三周的化学实验和基本实验研究的指导使我对做研究这条路有了更深刻的了解，在与宾大的研究生和教授讨论之后，我也更加清晰了自己感兴趣的研究方向。在高二下学期通过学校讲座了解到Pioneer Academics（学术先锋）的研究机会后，我便立刻填写了申请，并有幸与美国大学的教授进行了近半年的环境科学方面的研究。项目为我安排了环境科学方面的教授是在我意料之外的，我也为能够学习一个全新的学科而感到激动。在这半年的时间里，我掌握了基本的环境科学知识，同时将其与生物、化学联系起来，写了一篇研究最新的土壤生物修

复技术的论文，得到了教授的认可。这个经历大大拓宽了我的视野，让我看到了研究和平时生活是紧密相连的。

高二的AP（Advance Placement，大学先修课）考试结束时，我又欣喜地收到了之前精心申请的RSI·清华（The Research Science Intiative Tsinghua）项目的录取通知，成为四十个幸运者之一，并在暑假与清华大学教授一起完成了分析化学方面的研究项目。研究内容的深度和时间的紧迫都是不小的挑战。我在前两周自学了很多相关的知识，并频繁地与教授和指导老师沟通，与他们讨论最佳的实验计划。在RSI·清华，我也认识了一些出色的高中生，倾听他们的研究课题，丰富了我对许多领域的了解，他们刻苦努力的精神也激励我不断前进。项目的最后要评比出论文的前五名和演讲的前五名，为了这次演讲我仔细斟酌措辞，把研究成果用清晰且不深奥的英语表达出来，把控好演讲时间，最终得到了教授们的肯定。六周的RSI·清华项目为我的高三申请指明了方向，也使我在更大的挑战前充满了信心。

申请季也是高一、高二忙碌生活的延续，高二升高三的暑假开始准备会是缓解高三压力的很好选择。在申请季我认为最重要的一点是保持一个良好的心态，不必把申请上某所梦想大学或者排名靠前的大学当作唯一的目标，而是享受这个自我发现的过程。坚持读一些感兴趣的图书，进一步深化自己的活动，保证体育锻炼的时间，并且计划一些有意义的活动。比如我在高二时通过Peer Tutor（同伴导师）项目得到了学长学姐很多非常好的建议，所以我在申请季中也抽出时间组织了2016年的Peer Tutor项目。在写申请材料的过程中，我也主动询问了很多学长学姐的想法，这样能更客观和全面地审视自己的文书，同时将新的思考和知识注入文书中，不断完善文书的主旨和行文。在我看来这个自我提升的过程比最终的录取结果更加值得珍视。

深中给予我的这段丰富经历是我未来发展的基础。非常感谢深中富有启发性的老师们和优秀的同学们，希望学弟学妹们能够珍惜高中的时光，不断探索，努力认识自我，享受成长所带来的精神上的快乐。

深中学子 | 刘尚科

在选择中收获与成长

刘尚科，被武汉大学、新加坡国立大学、麦吉尔大学录取，目前就读于新加坡国立大学应用经济学专业。

曾获得深中之星领袖潜质奖、腾讯一等奖学金、全国中学生英语能力竞赛二等奖、全国创新英语大赛二等奖。曾在高一时作为全校四名学生代表之一参加国际DNA和基因组活动周。

一直觉得自己心中有很多关于三年深中生活的话想说,但到真要写这篇文章时才发觉竟无从下笔。我既不是成绩最出众的人,也不是在某个领域有特长的人,更没有很深的思想高度。我只是深中人中最普通的一员,思来想去,感受最深的便是关于"选择"的文章,以此感谢母校。

刚进入深中时,学长学姐就告诉我们,"深中的选择实在是太多了,要学会选择,更要学会有所舍弃"。

刚开始我对此并不在意,但当真正投入深中生活,我才发现这句话是多么正确,多么重要。

★ 体系的选择

我的第一个选择是关于体系的选择。还未进入深中我就听闻荣誉体系非常强大,于是心中早就埋下了进入荣誉体系的种子。所以当我得知我并没有考入荣誉体系时,我的内心无比失落,似乎预示着自己的三年高中生活将平淡无奇。

就这样,我来到了第二志愿标准体系,并在这里度过了高一、高二的生活。现在回忆起来,这也许是最好的安排。

标准体系并不算繁重的学业,让我有充足的时间去享受美好的高中生活,无论是社团活动,还是同学间亲密的交往,都让我回味无穷。因此我想建议学弟学妹,找到自己准确的定位,根据自己理想的高一、高二生活模式去选择不同的体系,最好也能提前向体系里的学长学姐求教,以做到能深入了解。

★ 社团的选择

我的第二个选择是关于社团的选择。高一时,我被各种纷繁而有趣的社团所吸引,一口气报了八个社团,结果可想而知,光准备社团的面试就十分辛苦,真正参与社团的活动更会挤压大量的学习时间,无法真正享受社团带来的乐趣。

于是我只参加了最感兴趣的三个:咖啡屋、乒乓球社、V-music流行音乐社,同时在高一下学期我成为朋辈支教活动的一名助教,在辞去咖啡屋社长职务后创办了自媒体MAGS。

诚然,参加各种各样的社团活动耗费了大量时间,但收获还是大于付出的。比如创办的自媒体MAGS,作为一个新生的社团,两周时间就找到了赞助商,每篇推广文章的平均阅读量在1000人次以上,同时与校内多家商户进行了商业合作,这让我感到非常的骄傲。

我在乒乓球社担任副社长的职位,曾参与了组织深中第一届校园乒乓球公开赛的全过程,从宣传比赛到安排场地再到招募裁判乃至最后比赛的开展,这个过程虽辛苦但又极具成就感。

不过我最怀念的社团时光是在咖啡屋,从一开始的普通员工到换届后的社长。在咖啡屋中,我学到了很多。在咖啡屋的每一天都充满故事,有亲手制作咖啡打奶泡的享受,也有整个团队齐心协力让日均销售额增长接近一倍的成就感,但最令我记忆深刻的是我担任社长时咖啡屋其他高层对我的"讨伐"。

我做事喜欢事无巨细,也总因为一些店里的小事跟同学生气,加上我在工作时语气严肃,相当一部分店长认为我独裁、不讲理。他们甚至背地里告诉上一届的学姐,想要撤了我这个社长。

得知这个消息的那一天我非常伤感,明明为咖啡屋做了那么多事情,明明这么热爱这个地方,他们却这样评价我。最终我选择了主动离开,辞去了社长职务。

之后我反思过很多次,责任虽不全在我个人,但从中获得的教训也非常多。作为一名社长,我真的让每个社员都融入进来了吗?与伙伴们沟通时,我真的用心倾听并且尊重他们的意见了吗?事无巨细是不是也是我不够信任同学的一种体现?

我之所以愿意现在把这件事说出来,是因为我明白每个人都会犯错,都需要不断成长才能更强大、更坚强。参加社团本身就是一种极好的锻炼,它让你走弯路,却也让你知道下次不要再走弯路。我认为从社团中学会的为人处世的道理,是我三年高中生活中最宝贵的财富。

⭐ 报考的选择

我的第三个选择是报考新加坡国立大学。在高二时脑子一热,觉得"世

界这么大，我想去看看"，便萌生了出国念书的想法。可在这时我已经学习了近两年的高考课程，实在不忍割舍，多番了解后决定用高考成绩加雅思成绩的方式申请新加坡国立大学。也就是从那一刻，属于我的高三实际上从高二下学期便开始了。高考课程不断跟进，雅思、会考，还有当时传闻将作为高三分班依据的期末考，这一切让我感到压力巨大，也很难熬。

最让我回味的是备考雅思的经历，记得当时在宿舍洗漱完已经十点半，已经过了规定的熄灯睡觉时间，我跟宿管老师商量能不能让我在宿舍门口多待15分钟，宿管老师同意了。

在东校暖黄色的灯光下，我一遍遍重复着复杂的单词，完成后回到宿舍再听一套听力，最后以和舍友们畅所欲言的夜聊结束这一天。早上五点半起床，在没什么人的天井我可以放声地跟着"美国之音"一起复述。

现在回想起来，那种苦其实是甜，是行动给人带来的踏实感。在当年8月的分班考试中我考入了标准实验体系重点班5班，开始了我的高三生活。现在高考已经过去一段时间了，脑子里关于高三的回忆就是大大小小考试给我带来的心理波动，考出了好成绩则骄傲自满，考得不理想又灰心丧气。

从我个人的角度，我想给处于这个阶段或即将处于这个阶段的学弟学妹的建议是：坚持做好规划，用每天的行动来鼓励自己。有人说过：把属于自己的那一部分做到极致，至于运气，就让老天去管吧。高三学生可以有遗憾，但不能后悔。

关于升学我还想说的就是对于理想的大学要提前做好规划，留意大学的招生政策以及自主招生活动，你越把你的梦想学校放在心上，越了解它，也就越可能最后拥有它。

"深中的生活太精彩，以至于怎么过都是浪费"，这句话再一次出现在我的脑海。我认为深中的精彩之处在于学生能够自己去选择，去成为他们心中的自己，学校的体制给了学生时间和资源，而学生们则有着为了自己的理想去拼搏去努力的平台。

希望大家面对纷繁的选择，面对深中的生活，先问问自己：高一、高二想要获得什么？高三想要获得什么？大学毕业后想要从事什么样的工作？人生理想是什么？这样我们才更有可能做出合适的选择，为我们的梦想添砖加瓦。同时也希望学弟学妹们充分利用深中为我们带来的丰富的资源，从学习到社会历练，这些都是我们积累下的宝贵的人生财富。

曾无数次被深中的培养目标所触动："深圳中学致力于培养具有丰富生命力的人，他们能自主发现和实现个人的潜能，成为他们最好的自己。而且他们无论身在何处，都能尊重自然，关爱他人，服务社会，造福世界，并且乐在其中。"深中三年，也让我真切地感受到我们正在成为这样的人。

感恩深中，感谢我的老师与同学，感谢所有深中人。愿母校永葆青春。

第三章 校园生活篇——缤纷生活深中之情

深中学子 | 房存龄

深中是梦想开始的地方

房存龄，被香港大学多元卓越计划录取。

一位喜欢用"白鹤亮翅"拍照的学长，说"深中是梦想开始的地方"。

在深中的三年里，如果说学术生活是前行的主干道，车水马龙，那么社团爱好便是不时踏入的小径，曲径通幽。

"深中的生活太精彩，以至于怎么过都是浪费。"此言不虚。

在我看来，深中生活之所以如此精彩，在于它将选择权尽可能多地交给学生，让学生在自主选择中不断地思索自己究竟要成为一个怎样的人，从而建立起坚实的自我，成为一个富有生命力的人。

在深中的三年，我在尝试中进步，从失败中成长。感谢深中，你用你独特的方式"教我做人"。

"凤凰花又开，回回令我感慨。"每次听到这优美的旋律，我便会想起……想起文体三。

从军训开营到毕业典礼，这里见证了我的高中三年。有苦亦有乐，有喜亦有悲。深中带给我的记忆，又怎是几个词语便可以概括的呢！

记得高一入学时，荣誉体系考失利的我，心浮气躁，一肚子的不服气，一肚子的失落。那时的我焦虑不安，渴望着进步，但又不知所措。

后来总算想通了：既然无缘荣誉体系，那么便报荣誉体系的数学自招选修课，与各路"学霸"一起学习；既然考试失利，那么便寻找自己学习策略上的问题；既然压力很大，那么便阅读图书，寻找心理调节的方法。

可是，慢慢地，一个个新的困难又挡在了我前进的路上。即使保持着积极的心态，梦想似乎仍是那么遥不可及。多少次，我觉得我是在痴人说梦。进步遇到了瓶颈，顶着压力才能勉强原地踏步。

可是渐渐地，在坚持的过程中，我越来越投入于自己所做的事情。虽然我第一次参加数学联赛时连初赛都没有过，但是我没有灰心，抱着对数学的热情，没有竞赛老师辅导，就自己看书做题。第二年再战，拿到了省二等奖。在深中的岁月里，我渐渐学会去享受过程本身。

即使是高三，一次次紧张的考试如排山倒海而来，一张张红榜上无数的名字浮浮沉沉，当全情投入考试当中时，那样一种不计得失的心境，便让考试的压力烟消云散了，我仿佛进入了另一种境界。

我只是作为一个考生，用笔与试卷融为一体。放下了得失心，此刻，我仅仅专心于把试卷完成。或许本来不必追求结果，只是简简单单地体验这个过程，不就很好了吗？或许高考给予我最大的启示，便是全情投入一件事时

的快乐，结果已经不是那么重要了。

当然，在深中求学之路上，仅凭借自己的坚持，去面对路途上的困境，恐怕也是很难的。我有幸遇到了一群各具特色的益友，他们身上有很多值得我学习的地方。

看到那大考当前依然谈笑风生的淡定自若者，心里会多一丝"稳了"的感觉；看到那整天乐呵呵像是开心果的幽默风趣者，便觉生活如此美好，凡事没有什么大不了；看到那学无止境的好学乐学者，便也不由得翻开了手中的书；看到那屹立于竞赛之巅的超级"学霸"，便自觉要积极进取，向他看齐。

还有，军训的汗水、井冈山之旅的笑声装点了盛夏，实践课的问卷调查设计费尽了大家的脑力，一场场答辩考验着我们的逻辑思维能力……

如果没有金融投资社社长和其他各位高层的支持，我不可能顺利地完成一年社团课的讲解。我的深中岁月和同学们紧密地交织在一起。

我更难以忘怀，黄睿老师的实践课是怎样让我产生对拓展学习的兴趣；靳万莹、吴汇文老师的历史课是如此精彩；洪建明老师的数学自招课的海量计算大大提高了我的算功；许如基老师、朱玉辉老师是那么的亲切；邵卓老师、王璇老师、江学勇老师是那么认真、负责；刘锋老师、姚亮老师的数学课如醍醐灌顶；负责至极的Nancy老师更是让我高考英语只扣了3分。

师恩难忘，感谢所有给予我谆谆教诲的科任老师！

走了一路，看了一路，一路鸟语，一路花香。当"凤凰花又开……"的旋律再次响起，我已坐在毕业典礼的会场中。

三年，说短很短，说长也长，这样精彩的三年，我永生难忘。

凤凰花开的路口，我携美好梦想，走向远方……

深中学子｜李楠

深中是我火热的青春

李楠，被复旦大学录取。

一个聪明大方、秀外慧中的阳光女生。作为语文科代表，每次语文早读总能充分调动同学们的激情，被同学们公认为班上的智慧女神，也很有文艺范。

我是一个积极乐观、热情开朗、真诚正直、追求真理的人，热爱科学探索，醉心文学创作，喜欢深入思考。

我热爱阅读，广泛涉猎古今中外文史哲类书籍，对中国古代圣哲思想、诗词曲赋以及西方哲学理论、文艺巨著均有较深入的了解。我是一个充满好奇心的人，热爱知识，热爱自然探索，喜欢观察身边的人事景物。

我同时参与了许多社会实践活动，获益良多，深刻领悟到一个人唯有热爱他所生活的社会团体，并为之贡献自己的一分力量，才能获得最真实的幸福与自我满足。

★ 学长团

甲午年七月廿八日，我拖着巨大的行李箱，和新生群里刚认识不久的炫子一起来到深圳中学东校区校门口。

"学弟学妹早上好，请往这边走。"

校园里每个转角处都有学长学姐们在问好，他们身上的每一个细胞都在传递善意。我想立刻回答他们"你们真好"！但这太唐突，于是只好对他们微笑，眼神交流间，我觉得他们一定明白了我的意思。

军训那些日子，学长学姐们和我们一起做游戏、讲故事，一起唱歌跳舞，一起流泪。他们是每天中午在烈日下跳舞的人，是对你微笑为你鼓掌的人，是在你流泪时递给你纸巾的人。我记得军训结束前我对学长学姐们说："我以后一定要加入学长团！"是的，我要把学长学姐们传递给我们的温暖与爱，传递给我的学弟学妹们。

学长团，是我最初的梦想，同时也是我最大的遗憾。学长团的落选让我难受了好一段日子。后来，看到加入学长团的同学辛苦忙碌，抱怨有数不完的"寄得爱"要写，有时也得意地跟他们说幸好我没有加入学长团，但这不过是"吃不到葡萄说葡萄酸"，我终究还是无比羡慕他们的。

★ 社团生活

整个高一，我在各种社团中忙碌奔波，期间的收获与遗憾，也难以言尽。

我开学初加入了"模联""义工联""七单内阁""七单女足"，后来又加入了"图书联"、汉韵华章(汉服社)和绯青书画社。然而精力有限,抑或是我没有恒心,开学后的几星期就不再去上"模联"的社团课,从未上过汉韵华章的社团课,参与了数次"义工联"活动,然而在竞选高层时,由于不用微信,全程都没有参与,去绯青书画社则只是观摩"学霸"们写字。

这样算来,从头到尾坚持下来的,好像只有"七单内阁"和"七单女足"。我很感激在"内阁"的日子,虽然设计游园会产品时,曾连续一个多星期晚上一两点睡(当时决定此后要永远脱离"内阁"),但最后的结果很让人欣慰,印象最深的是有人花35深中币买了一个"我爱辛普森"徽章(嗯,七单的小伙伴你懂的),又以40深中币的价格卖给别人。

在女足踢球的日子是高中三年里最单纯快乐的时光。虽然高一因抽签未能出线,高二因点球未能夺冠(天哪,我永远忘不了看到我的那粒点球击中门柱时的心情),但输赢算什么呢,一起踢球是一件多么快乐、快意的事儿!后来即使到了高三,**我也常常去东校找学妹们踢球。**

我的社团生活不算丰富多彩,但只要享受了,结果如何也便不怎么重要了。

★ 学术生活

学术生活是我高中三年最重要的篇章,深中图书馆的藏书质量极高,深中的选修课太丰富多彩,我日夜徜徉于其间,收获与遗憾也难以言尽。

我热爱学术,选择了荣誉体系,加入物理竞赛,后又被化学老师"强拉"至化学竞赛,学完化学竞赛中的物理部分,又转投数学自招,高二时又上了物理自招和微积分的大学先修课。虽然每一门最终都没有什么结果,但我不怎么遗憾。因为在学习自然科学和数学的过程中,我收获的太多了。学习的过程中,我的好奇心和求知欲被激发,我开始爱上抽象的过程:观察、探究、思考以求本质;我习得更多的知识,领略更高的思维层次,养成了更好的思维习惯。我追求那种既清晰又复杂的思维,看似单刀直入,实则环环相扣,令人惊叹妙绝。

高中三年最重要的,让我的思想脱胎换骨、开始睁大眼睛看世界的时期,则是我上王羲烈老师的中国古代文化史大学先修课那段日子。在他的引导下,我开始大量阅读文史哲类书籍。

稍稍了解历史后，我知道了很多东西从古至今皆如此，像陈寅恪先生说的"读史早知今日事"，读懂了历史也便读懂了今天，读懂了今天也便读懂了历史。我意识到从前我对社会、人的认识是多么偏激、愚蒙，并头一回认真地审视人和社会。

我是那时候清楚自己毕生的志向，即活得清明，清楚明白，澄澈透达。洞悉万物，晓察事理，能够明晰、判断是非美恶，而不受任何表象、假象、乱象之蒙蔽。

后来，读到康德"头顶的星空和内心的道德法则"，我知道我对自然科学和文史哲的热爱乃是处于同一根源——对"清明"的追求。

我一直以为，理科和文科的学习绝不冲突，我们大可不必拘泥于其中之一，而对那条未选择的路心怀芥蒂。

★ 高三生活

深中生活到了高三，就画风突变了，充满了苦中作乐。写这类文章，当然不能传播负能量，我又无法说假话，就拣一些正能量的真话说吧。

高三生活充满了压力，这并不坏，有压力才更有动力。但长时间的高压生活确实会损害身体和心理健康，于是乎如何缓解压力成了我高三生活的主旋律之一。

我觉得最有效的解压方式并不是在思想上进行自我开解，而是在现实生活中做点什么，暂时投入另一件事。比如我每周末都会出门走一走，看一看路上的行人、路旁的行道树，或是爬山，投入大自然的怀抱，体味四季的变化。

常常有感而发，便作诗一首，跟志同道合的朋友分享。我还喜欢中午回教室后扫扫地（起初是无法忍受遍地的垃圾，后来就成了一种习惯），这让我有一种很强烈的归属感，感到由衷的快乐。

前两年的社区服务，还有高三中午的扫地，让我进一步意识到：一个人感受到最真实的快乐是在为他所属的社会团体做贡献时。现在想想，这很可能是深中教给我的最好的一课。为班级、为父母做点事情，其实是最好的解压方式。

★ 尾声

有人说"深中的生活太精彩,以至于怎么过都是浪费",但我觉得这样想太贪心了,在深中每一个人都有自己与众不同的精彩,每个体系、每个社团都有各自的风云人物,没有谁可以把所有的光环总揽一身。

社团、选课、"深中杯"、"校长杯"、体育节、单元节、游园会、校园十大歌手……深中给每一个人都创造了发掘自身兴趣、实现自身潜能的机会。

如果说还有一点点遗憾的,那便是高考失利,没有进入理想的学校。但"取其上者得其中,取其中者得其下",能得其中,也算是一个比较好的结局了。

凤凰花的花语是离别、思念、火热青春。我在心里唱一遍《凤凰花又开》,献给过去的六年,献给我所认识的人们,献给深中。

深中学子｜尚思彤

文艺才女上线，
　诗意长文忆高中

尚思彤，被早稻田大学录取。

喜欢阅读、写作，喜欢走路的时候听音乐，喜欢看零点首映场的电影。

深中纪事

细雨湿流光
同窗三载忆相长
一月的游园,十二月的钟声
六月的旅行,十月末的暴雨
还有凌晨的倒数
落在发梢上的星星
和窸窣虫鸣

我记得周末的心智
一些久违的身影
我记得湛蓝操场上
轻扬的各色衣襟
我记得午后
微热的汽水泡泡里
放大的你,每个神情
我记得夏日
在长廊间葳蕤生光的植物
枝枝蔓蔓
盖过柔软的记忆

穿行过熙攘人群
和低矮的云朵
我悄悄造访寂静的校区
反复摩挲着,似乎
已经遗忘的字句
如今梦好,一切都好
锈迹斑驳的窗格
筛下明亮天光

青空盛大
仿若倾倒的海洋
车声、人声、日光灯
一片片
被吊扇打碎在笔记上

彼时，我在南方
远眺极北的风景
惦念云山几万重
如期而至的六月，某个清晨
还没有名字和形状

谁与谁共赴星辰大海
谁与谁走过花落花开
我不去想

时间水逝，逝者如斯
也许
成长，并不是太难的事

隔着云层
我向流星许愿
祝福自己的未来
祝福所有未知与遇见

走下去吧，与你同行
一起风雨兼程
逐梦远方

深中学子｜黄海依

和深中在一起的一千个日夜

黄海依，被同济大学录取。

痴迷阅读与写作，热爱思考和探索，多次在杂志及网络平台发表文章，曾在深中模拟联合国协会担任学术部副秘书长一职，负责社团学术工作。她希望自己永远怀有好奇和热情，永远睁大眼睛看世界，永远坚持真理并生长不息。

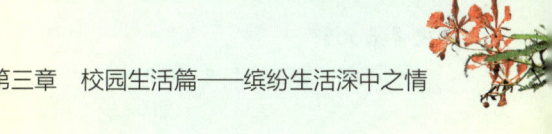

深圳中学，这个以城市为名的学校。

深中很好看，那是一种需要细细地去看才会慢慢看见的好看。

东校的小卖部旁开着白色的花，深中书院前站着一棵又一棵凤凰木，红耳鹎偶尔踩在栏杆上，校猫趴在天井撒娇，棕榈树展开它憨厚的笑脸。

深中的黄昏，天空斑斓得像恋人多情的眼睛；深中的雨水，像上天的成千上万个吻；深中暴雨前的黑暗，像一面巨大的镜子；掠过天空的闪电，就像镜子里雷鸣般的童话。

我见过深中的春夏秋冬，见过她的妆容，也见过她素颜的模样。南方潮湿的雨季滋润着这所学校，在她的土地上埋藏了太多深情。

三年，我在这里生活。

我记得最初参加"模联"会议时的紧张。那时候我顶着短头发、踩着高跟鞋去参加一场关于日本幕末时期政治的会议，抱着一大摞的文件和手册，忐忑不安地反复翻看我借阅的所有与日本相关的图书。

我们高声辩论，像个外交官那样运用华丽的修辞和高昂的音调演说，真切地理解另一个民族、另一个国家的苦难与哀愁。

"模联"带给我的是对不同国家和民族的尊重，对知识的热爱与渴望，对世界不同的理解，以及一群美好的人。我慢慢学会用专业的目光看待世界，同时怀有最大程度的天真，保持着对生命的爱与敬意。

我记得实验体系旅行时的阳光与笑声。我们高歌着行进在路上，我们大笑着做游戏，我们搭起帐篷睡在沙滩上，夜里营地上一片窃窃私语。

篝火燃起来的时候，有人开始唱歌，更多人坐在海滩上凝视翻卷的浪花，聊天，发呆，讲故事。低回的浪花声里藏着数不清的秘密。

那个夜晚我交到了高中最重要的朋友，并知道我们将成为一生的好友。那一日的海风把我的头发吹成盐的味道，那一日海水的颜色成为永生难忘的回忆。

我记得深中的人们。我们能够写上万字的论文，做出色的实验，有的人可以手工制作小空调，有的人已经写出了自己的歌，有的人执导拍摄的微电影传遍深中乃至深圳。

我们也会从楼上放下纸飞机惹得老师警告，会带着善意模仿地理老师的湖南口音，比较数学老师们念希腊字母不同的语调，同时给每一位老师、每一位同学起一个亲切的昵称。

　　我的同桌擅长用笔盖抓蜘蛛再把它们放生，隔壁桌擅长踢毽子，痞石同学能写精彩的诗句，理科楼的佳得乐和黑川会唱好听的歌，短头发的梦蕊总是能够把我逗笑，永远开朗的炫子时刻让我感到快乐，漂亮的晓玮和她的步子如同一只轻快优雅的鹿，明博同学的眼睛就像黄昏之后幽暗的天空。

　　我骄傲于成为深中人的一员，并在这里学会热爱世界，关爱他人，保持活力以及对社会的责任感。

　　深中，我在这里读书，写字，打水，望天，长大。

　　深中，永远怀着梦想，永远相信未来，永远生长不息。

深中学子 | 赵斯妤

普通的我们
在一起成为特别的深中

赵斯妤，被复旦大学录取。

曾任深圳中学模拟联合国协会公关部副秘书长，热爱生活，喜欢猫，坚信明天的自己会是更好的自己。

提笔之际，我即将前往大学报到。我觉得自己的文笔并不好，而且和之前公众号上已经发表文章的同学们相比，我既没有光鲜的竞赛成绩，也没有出色的特长，更没有拿过什么奖学金，我恐怕就是深中里再普通不过的那种学生。但我又觉得，我必须写点什么纪念一下我在深中度过的三年。再说了，深中不就是由我们这些看似平凡的个体而组成的一个很不普通、成绩斐然的深中嘛！

我说的平凡普通，就是说我高一、高二被丰富多彩的深中生活"诱惑"，在学习上略有放松，以致成绩并不突出，所以高三面对高考，需要付出更多的努力。

但平凡普通的我就算是身在队尾也不会放弃对于自己目标的仰望，而且平凡普通的我在深中的三年所领略和体会到的精彩一点也不比成绩优秀的"学神"们少，只是这些精彩略有不同。

★ 遇到优秀的你们

高一我选择加入"模联"，锻炼自己的能力，高一暑假则选择继续竞选"模联"管理者，并成功入选。"模联"让我收获最大的，是进入了一个优秀的秘书处，拥有了六位非常优秀的朋友。

我们每个人都有自己要忙的事情，比如秘书长姚天希既要审查"模联"协会的各项出品，又要协调各部门间的工作，还不能忘了自己的学业，开完会常常约我们出去一起写作业、一起"搞学术"。常务秘书长邵卓涵更是不用说，在自己出国考试成绩样样优异的同时，也将社团事务处理得井井有条。

本来计划用一大段来写秘书处的小故事，纪念一下大家的友情，然而我实在不擅长写记叙、抒情的内容。但这些记忆我会一直留存在脑海深处，不论再过多少年，回想起高中时光，我仍然会想起"模联"这个我倾注了两年心血的社团，仍然会记得因"模联"而相遇的优秀同伴们。

正是这些同伴的存在，让我清楚知道，我自己的能力并不足够强，能处理的事情不够多、不够完美，我在学业与社团间的平衡做得还不够好。正是这么优秀、这么出色的你们，让我不断内省、不断提升自我。

⭐ 遇到勤奋努力的你们

有人笑言，深中可怕的不是有一群智商比你高的人，而是有一群智商比你高，还比你努力100倍的人存在，随时碾压你。

高一、高二的时候，我并不属于班里最勤奋努力的一批人，但总有一些人在我身边无时无刻地影响和感染着我。

他们看似不怎么用功，但私下里对待学习的态度却很认真，而且学习中的每一分每一秒都很有效率。他们会专门预留时间学习，把自己每天"专注"的学习时间计划好。

他们不会专门说自己什么时候在学习，多数会抱怨自己有多颓。一般是在我苦恼自己不知道该拿什么时间来学习的时候，才发现他们的努力，因为这时他们往往会冒出一句："可以早上起来去天井学啊，六点到天井也没什么人，还不是很热，挺好的。"或者"考前的那个周末留宿学校，去自习室自习，特别有用，我都是这样的。"

他们的努力不仅可以提高自己的成绩，也影响了周围的人。有一次我和一个同学周末一起回家，期中考在即，我随口聊了聊考完以后的放松计划，她却一本正经地回答我："这些怎么样都可以，考前我们还是想想怎么安排学习的事儿吧！"

我怔愣了一下，开始和她谈论周末复习的计划。

回望高中三年，对于这些默默地影响过我的同学，我心怀感激和怀念。

⭐ 与大家共同奋斗的日子

高三分班考前我希望能够进重点班，于是在7月的最后十天发奋学习。或许是临时抱佛脚起了作用，我分进了标实重点班。但是在重点班里的压力也是非同一般的。我高一、高二的学习本就不如班里其他同学努力，所以高三的时候要追赶的路更长，压力也更大。但是这样的压力却激发了我内心深处坚持、拼搏的特质。

高三第一次月考我就成了班里的倒数，50个人，我排39名。那时只能苦笑着安慰自己，至少不是40名以外。

这次考试结束后，我只觉得是自己偶尔失手，却没想到第二次月考比第一次还差些。虽然自己不愿意承认，但我还是认识到自己的实力不过如此。然而我没有放弃，月考结束后继续努力，心里只觉得：

"要比之前更努力一些，更努力一些！"

于是在四校联考里，我终于小小地翻身了一把，第一次考到了班级前20名，得以过一个安心的寒假。只是寒假的时候我不够努力，所以"深一模"时成绩又退步了。

好在我及时调整状态，"广一模"时考得挺理想。但是，成绩总是这么捉弄人，我"深二模"的名次是"广一模"的两倍。这次模考后压力大爆发，后来的一整周我都处在很难过、很不想学习的状态。

正是在这时，我爆发了心中坚持拼搏的"小宇宙"：

一边哭着抱怨"我不想学了，学了有什么用，不是照样退步"，一边拿着笔写作业、整理错题。

前一秒叫嚷着"算了，回家吧，剩下两个月不在学校学也可以的"，后一秒撇着嘴看生物书。

虽然口中抱怨着"我的水平怎么这么渣，再努力都没用"，心中却还没放弃，想着"可以的，我还是可以坚持的"。

深中的同学们大多都有这份坚韧的品质，自己选择的路，一定要咬牙走下去。选择出国的国际体系的同学们，无论写文书写到深夜几点，改文书改多少次，都是嘴上骂着手上却一刻都不停；参加高考的考生们，无论作业堆得有多高，错题攒得有多少，都会咬着牙，拿起笔，一点点攻克。而我也是一样的，无论被成绩的起起伏伏打倒多少次，都要重新站起来，因为身边有这么多优秀的同学和我一起奋斗，一起坚持，一起难过，一起拼尽全力。

深中的最美之处就在于每个人都能解读出不一样的精彩。于我，她让我遇到了这么多优秀的同伴，让我意识到自己的不足；让我遇到许多优秀的老师，给予我谆谆教诲。更重要的是，她让我得以与这些优秀的人共度精彩的三年青春。

相信多年后，回首青春，我仍然会记得我优秀的同窗们，记得与我一同奋斗的同伴们，记得在火红的凤凰花下度过的三年深中时光。

第三章　校园生活篇——缤纷生活深中之情

深中学子｜刘小为

向着目标奋力划向彼岸

刘小为，被复旦大学录取。
生性乐观开朗，善于调整心态，迎难而上。

235

一

毕业这件事，来得太快了。

明明中午还在为理综题选择A还是D而忐忑纠结，下午考完英语走出考场，高中时代就结束了。

望着身后的人潮，发现大家的脸上都是笑容，应该考得都算理想吧。

身边的同学都在嬉笑着互相邀约晚上出去玩，我则是一边心不在焉地附和，一边盯着老远的天出神。

我们就这样，各自奔天涯。

二

我来自深中荣誉体系。众所周知，这是个竞争颇为激烈的环境。刚入学时，各路"学霸"的英勇事迹我便有所耳闻。有在竞赛领域早有建树的美女"学霸"，也有勤奋刻苦的中考前五。和全深圳最优秀的学生同班的恐惧无时无刻不在支配着我。果不其然，分班考时我暴露出了"学渣"的本质，被"发配"到了平行班。

这里要提醒一下新一届的高一学弟学妹们，选择荣誉体系之前，一定要谨慎考虑并做好心理准备，以防高一入学时不适应而产生负面情绪，影响学习热情。

三

分班后，由于不适应老师点拨式的教学，加之自己投入学习的精力十分有限，我的成绩逐步下滑。高三分班考，我的成绩是年级第200名。

好在那时的我占据着"天时""地利""人和"三项。

关于"天时"，那时的我清楚地认知到自己的弱小配不上野心，便坚定地立下了目标。而每日都在更新的计时牌无声地鞭策着高三的每个学生，使周围的同学都进入了状态。在这种氛围之中，偶尔偷懒都会感到羞愧。

关于"地利"，西校是个学习的绝佳场所，这里没有各色社团活动和令人血脉偾张的球类比赛。有的只是机械但效果显著的重复训练和不间断的大小考试。在那一年里，我的大脑似乎真的只思考和学习与高考有关的习题，连做梦都在考试。虽然很累，但真的很值得。

关于"人和"，我个人属于心态比较好的类型。成绩波动总会有的，但我强迫自己保持自信，准确地说是坚定信念，每每把失利当成偶然现象，把进步认作必然趋势。正是这样的乐观态度支撑着我不至于摔得太惨。

四

此时此刻，新一届的高三应该已经基本适应了迟到一秒就罚站的美妙清晨和总觉得太短的晚饭时间。周围不乏诸多令人大开眼界的学习习惯：不少尖子生为了躲避吃饭高峰期因排队而浪费时间，选择放学后15分钟再去食堂，而往往这时食堂大妈勺里的手撕鸡早已半凉。真正是"三月不识肉味"的写照。

当更优秀的同学比自己还要努力时，绝望是没有用的，更应该做的是受到感召，至少要尽自己最大努力。

五

除去学习，平时生活也有需要关注的方面。

首先要保证睡眠，熬夜会极大地影响第二天（尤其是早上）上课时的注意力，往往得不偿失。学弟学妹可以通过几天的尝试，寻找到自己合适的入睡时间，然后坚持下去。

其次要运动。高三体育课全程自由活动，部分学生（大部分为女孩）会在一周两节能够放松的课上玩玩手机、聊聊天，而荒废了体育锻炼。如此日积月累，身体免疫力逐渐下降，感冒发烧很容易找上门。高三的时间十分宝贵，生病的代价太大了。

最后，也是最重要的，要保持心情愉悦，时刻调整心态，熬住寂寞才能出头。

六

然而，建议终究是建议。每一个人的高三都无法复制，我也未能做到步步为营，完美无缺。

最遗憾的，莫过于没有实现自己的目标。开学一个月左右，也是在自己的生日前一天，我发了一条朋友圈。我送给自己的生日礼物，是永不动摇的意志和一往无前的勇气。靠着这双桨，试图奋力地向彼岸划去。

但我终究没有实现当初的目标。这可能是运气、实力种种因素综合的结果，我也曾一度怀疑是自己不够努力，但此时此刻这于我而言已不重要了。回首往昔，高三带给我最大的成果不是被名校录取，而是从习惯到内心的一次脱胎换骨的改变。改变的，是以往懒散的状态，是做事的心态。我用一年的时间学会为了一件事全力以赴。

只是希望我的遗憾不再重演，希望学弟学妹都能心想事成。

七

深中是所优秀的学校，我或许未能成为她的骄傲，但至少没有令她蒙羞。

从现在开始，乘着叶片往前飞。

你的高三会是怎样的？

深中学子 | 刘博文

渴望用艺术创作
填满的生活

刘博文，艺考超过一本线30多分，被中国传媒大学录取。

从小热爱创作，擅长水粉画、素描、吉他弹唱。在高中阶段努力学习音乐、文学、短片创作等。

⭐ 我的高中生活

写这篇散得不得了的文章时,我正坐在前往兰州的火车上。这列火车将朝着华北兜一个大圈子前往兰州,我们将在两天后到达。在目的地等着我和我的两个同伴的,是正式告别高中生活的毕业旅行。

我是刘博文,2017届毕业生。我不想在这里堆砌一些大大小小的名号,我想说说我的高中生活。

2014年,我通过自主招生进入深中。在初中我是一个埋头学习的"书呆子"典范,因此考进深中后家人对我的期望就是继续埋头读书,考取名校,进而找一份好工作,组建一个美满的家庭。但我时常会想,我想要的生活真的是这样的吗?在一条"平淡无奇"的轨道上生活直到老去,然后让自己的子孙追随我的足迹,陷入一代又一代的循环——可能是我太愚钝,不知道这样的生活意义在哪儿。

其实,除了乖乖读书,一直以来我都是一个喜欢打游戏、看电影、弹吉他唱歌的"不务正业"的学生。

于是初入高中的我,心里多了些躁动,也多了些隐隐约约的向往。

我开始回忆那些最快乐的瞬间,竟是小学和初中时写小说、写诗的时候。渐渐地我感觉到自己真正的渴望:我想唱歌,我想写歌,我想写小说,我想拍视频……我想创作。那时的我还不知道这些小小的思索和渴望会影响我的整个高中生活。

当然,我不是在诋毁"好好读书"的生活,这种人生可能会充满波澜和变数,也可能会活得轰轰烈烈。只是人各有志,我向往的是另一种生活,一种用艺术创作填满的生活。

⭐ 音乐 数十观众的演唱会

先说说音乐吧。进入高中,我重新拾起因中考"荒废"一年的吉他,带着青涩的唱腔混进了V-music流行音乐社。在这里我认识了一群热爱音乐的朋友,能聚在一起闹腾"纯粹的音乐"。

不久后,我和同班同学邓嘉乐、郭睿、谢自依、邝远浩、周雨萱组建了

STA（i）RS乐队，我们把音响和乐器搬到教室后面，在每一个晚自习课间不间断地制造噪声。

我们的乐队第一次排练地点在C栋的楼梯上，而十分巧合地，我们每一首演出的歌曲都与"星星"有关，于是一起拍了几天脑袋，想出了STA（i）RS这个不知道怎么读的名字。

多亏了班里同学宽宏大量的忍受，我们的乐队参加了两次单元节演出，也成功在教室里举办了一场"世界级"的演唱会，观众多达数十人。

而我真正开始音乐创作，是在高一暑假作为志愿者参加泛珠三角高中生模拟联合国大会时。一天午休时间，我端起吉他，坐在开着空调的D102里，忽然触电似地想到一段旋律。我赶紧找来纸笔记录，写成了一首完整的曲子。

第二天午休时我完成了这首歌的填词，并命名为《不曾》。这首歌虽然有着浓郁的非主流气息，但着实是那时的我的所思所想。

向那落日奔跑，我无路可逃。
向那岁月我呼啸，绝不求饶。
向那烈火炫耀，我不曾燃烧。
向那苦痛我欢笑，无可救药。

这就是说，无论如何我也要按照自己的心意来生活了，我要写，我要唱。而较为同学们熟知的应该是 *Your Voice, Your Power* 里的"voice, your voice is all your power"和校园十大歌手比赛上与我一起唱歌的"大熊"。

★ 摄影　音乐与视觉的再创作

经历了一两年在音乐创作上曲折的探索，我渐渐意识到自己的创作思路是偏向视觉化的表现——我的歌在脑中成形时都会形成一个或具象或抽象的画面，这让我无比渴望将自己喜欢的音乐用短片进行视觉上的再创作（其实就是MV）。

为了实现拍短片的想法，我看电影、看短片、自学摄影，高二时也选修了摄影课程。有了一定的拍摄和剪辑功底后，我有了一些大胆的想法，开始了一些大胆的尝试。

我喜欢诺兰，于是仿照他的手法拍了几部粗糙的短片。我喜欢将自己想到的故事搬到银幕上，追求画面、故事和音乐的完美结合（即便鲜有成功）。

受托尔金《魔戒》创作风格的影响，我也尝试着在构思完整的世界后进行故事创作。我在高中三年里构思了三个完整的世界，并且都完成了序幕的创作。

等到我有心进行大型创作时，我便会"填坑"（希望是如此）。至于三个世界究竟是什么样的，希望多年以后诸位能在儿童文学专栏找到我的科幻作品。

★ 艺考　顶着压力好好读书

高中三年里，我一直不是一个安分的好学生。我有时会忘带作业，有时会睡过头，有时会物理课和语文课迟到，还有时会因为前一晚熬夜在课堂上睡着。

直到现在回忆起每一次犯错时的紧张和慌乱，我依然会忍不住笑起来。正是因为这些或尴尬或可笑的经历，才让我的高中三年显得如此丰富多彩。

高三时，我选择了传媒艺考。大概从一月开始，我请假离开了学校，开始系统性地准备各个学校的校考；二月时奔赴各个学校考试，时常一天辗转几所学校参加好几场考试，也有过两天往返深圳和北京的经历。

冬天的北京带着不友好的低温和寒风，陌生的城市环境和生活节奏，压力巨大的艺术考试，在我看来确实是一种难得的机遇和历练。

在艺考途中，我遇到了形形色色的人，遇到了不同的困难，也慢慢提升了与他人交流以及处变不惊的能力。

艺考归来，具体通过了哪些学校的考试依然是个未知数，这时候便要顶住压力好好读书；结果出来，临近高考，文化课上的漏洞越发放大，此时还是要顶住压力好好读书；模拟考试完，离一本线差了四十分，此时依然要顶住压力好好读书。

最终高考完，身边的人大都以为我的分数仅触及一本线，此时便要顶住压力好好玩。等到分数出来,高出一本线三十多分,此时可以松一口气,但录取结果还没出来,此时还是要顶住压力好好玩。等最终收到中国传媒大学的录取通知,玩了这么多天也真是赚了。

★ 暑假　土拨鼠音乐节

诚然,嘴上说着玩,却不仅仅真的是玩儿。暑假一开始我就回归热气球组织,作为舞台导演着手筹备7月17日的土拨鼠音乐节,同时我也花了不少时间在排练中广教育六周年晚会上的节目。

如今两个活动都获得了不错的反响。作为主办方,土拨鼠音乐节的成功也让我和热气球的伙伴无比欣喜。在这场由深圳高中生主办的音乐节上,我们做出了接近专业水准的演出效果,也因缺乏经验留下了些许遗憾。

不过,尽管我没能做到完美,至少我和伙伴们一起创造了历史。

★ 明天　无比绚烂

现在的我正坐在列车上,在手机上写着这篇文章,从中午断断续续地写到了黄昏。

远处太阳就要落山了,精彩又短暂的一天就要过去,而一觉醒来,新的一天依然会无比绚烂。

而明天醒来,我们便已经在更远的地方,踏上充满机遇和未知的土地前进了。

深中学子 | 谭佳璇

凤凰花开深中情

谭佳璇，被武汉大学录取。

自称"贤哥"，外号与豪气的性格完全相符。喜爱钢琴、书法和各类美食。

深情凝望那土黄色的教学楼，似乎响起了恩师同窗解惑辩论的声音；回眸余晖中的5号宿舍楼，依然回荡着舍友的欢声笑语。踏出刻有"深圳中学"四个大字的西校区门，便意味着结束了三年的深中生活，未曾远离，心中已是百感交集。借2017年语文高考将关键词形成有机联系进行作文的方式，我以"自主、情怀、传承"三个词为中心倾诉我对深中的思念之情，表达对母校七十华诞的深深祝福！

★ 自主

深中的"灵动"是众所周知的，但很多人对"民主""自由"的理解仅限于学生和学校之间的权利、义务的沟通与协商。在我看来，真正的"民主""自由"更体现在选课、学习和课余生活中。

仍记得坐在文体三听老师讲解选课事项的那个下午，手里拿着密密麻麻印满几百个选修课的灰色纸张，看着一个个名字都没见过的高大上的课程两眼发直，但真正选起来又担心学不会、抢不到、作业多，甜蜜的负担大抵如此！由于家里网速慢，好玩儿的课程又火爆，便提前委托同学帮忙。高一、高二五六次选课好像找了五六个不同的同学帮忙，深中就是这样，你可以毫无顾忌地把学号、密码告诉自己的同学，只需告诉他们要选什么课，第二天便可安心地等待喜欢的课程进入自己的"碗中"。

学习是自己的事情，在深中更是如此。这里不缺少有才华、个性的老师，他们不会追着你要作业，但也肯定欢迎你的追问。高一成为姚学林老师的学生，每次听他讲物理竞赛题目都很过瘾，听不懂也仍觉激动。心存后悔的事情是，高一没有做好学文科的准备，高二也没有充分地运用课后时间提问钻研，浮于表面的学习让我在高三无所适从，也为高三突然翻倍的名次奠定了"基础"。

当学校给你充分的机会时便要用尽一切力量去把握，我想这才是自主的真正含义。

★ 情怀

有人曾说，选择一所大学不是选它的硬件、软件，甚至也不是选它的老师、同学，而是选择这所学校的精神文化，我理解为一种情怀。开学第一天，老校长占宝便提出深中人的概念，是啊，走向全国、全球的晒布学子骄傲地自称"深中人"，当我成为70岁母校最年轻的校友时才真正感受到这三个字的分量。

一个合格的"深中人"，要担得起责任，不仅为自己负责，也为学校、社会尽力；要入得考场出得社团，分配好学术和社团的时间。我至今无法用词语为"深中人"下一个理想的定义。高一便拿到北大清华降分录取资格的学术"学霸"从不缺少，一人加入五六个社团并担任两个社团领军人物仍过得风生水起的能人也不罕见，学术社团双赢更是许多深中"牛人"的标配，但深中的可贵之处就在于不论你是何种人才都能找到志同道合的友人，哪怕你与身边同学做出截然相反的选择，他们也会给予尊重、鼓励。高二时我成为校团委副书记，也是三四单学长团的成员，真正体会到了忙碌是什么感觉。早上6:30冲到学校开计算机写申请文件，课间打电话联系团委的老师和同学，中午放学提着计算机冲去面试生涯规划助教，下午开会直到晚自习开始……曾在最忙碌的晚上打电话给妈妈感叹忙社团的辛苦，当时竟说出"要是能天天只学习该多好"的豪言。在过完高三的我看来，这不过是身在福中不知福而已！

也许正是不用先入为主的心态考察他人，深中才能为学子们提供更广阔的平台。

深中情怀，就让我用接下来的分享继续品味。

★ 传承

传承是我们每时每刻在做的事情，"深中人"很少用"传承"这个沉甸甸的词语描述自己的所作所为，但单元、学长团、"深中杯"……每一个深中特有的词汇无不体现着传承的味道。

深中为单元赋予了特殊的含义。高一便在体系之下依据班级划分单元，单元是各类赛事的竞争单位。高一成为小五班三单人，因此，尽管高二来到文科班仍坚定地支持三单，穿三单单服，在球赛中为三单加油，依然任性地表达我的情怀。

学长团是带给我很大改变的地方，也是我心存遗憾之处。或许有些局促、内向是很多人对我的第一印象，除了宿舍110小分队的各位学友，鲜有

同学知道我搞笑、热情的一面。直到今天仍想不通学长学姐怎么看出我"冰冷"的外表下有一颗火热的心！最终也实现了从最初军训时面对几十个陌生的学弟学妹无话可说的自己，到一年结束后无话不说的大师姐的转弯，想想都自豪！加入学长团的最大"特权"是覆盖了高一、高二所有班级的庞大组织让我们在找人时几乎百分之百成功，从开学时布满丢失公告，到各类活动策划时铺天盖地的方案文件，再到静默一年后高考之时满眼的祝福语。学长团给我的不仅是学弟学妹间的温暖，更是三四单、全团伙伴们的支持帮助，团结奋进！学长团同时也教会我，优秀的团队可以完成个体绝对不能完成的任务。遗憾的是一年的相处仍没有让我成为学弟学妹最愿意依靠的对象，我依然未达到应有的高度和深度，当然也留下了无限发展的未来。

学生活动中心的游园会、校园十大歌手比赛、"深中杯"、"校长杯"，以及我本人全程参与策划筹办的团委化装舞会，无不在传承着各类社团、学生组织的精神。深中让我知道，思想是基础，想了未必能实现，但由于现实往往比所想低一个层次，所以更要敢想。担任团副后，由于个人创意不足以及其他种种原因，团委人数日益减少，化装舞会数次改期，但在钟鸣老师的大力帮助和团委干事的共同努力下，让这场晚会超出我和团队的预期。好像自己的孩子刚刚长大，尽管不如别人家孩子优秀，但仍为它欣喜自豪。

传承，让深中的味道一天天地浸润着学子的心。这一切似乎还在昨天，却依然不得不说再见，母校将是我一生无法割舍的情怀，是我心灵的港湾，更是我远行的航灯！在传承中保持深中情怀，实现自我，是我对自己的坚守；在传承中让深中精神为更多优秀学子提供成长的土壤，是我对母校的坚信。

祝福深中70华诞幸福快乐！也深情祝愿我最亲爱的母校永创辉煌！

深中学子 | 毛振婷

酝酿青春，我们即是深中

毛振婷，被中国社会科学院大学录取。

振婷温文尔雅，贤淑安静。对国学有着浓厚的兴趣，曾代表学校参加"中华好故事"国学知识竞赛，获团体优胜奖，个人荣获"国学之星奖"。

几天前，我整理旧物时，翻寻见高一的笔记本，封面写着篆体的"酝酿"，简约，古雅，不觉引发我不绝如缕的追怀。一个纯粹且充满好奇的心灵，在一个年华烂漫、求牖新知的年纪，正酝酿着什么？

我回忆往昔，那酝酿在心中的醴泉，今日是否捧出玉液？如同薄阴酝酿着春雨，这酝酿的结果又为何物？又或许呀，我想，在酝酿的过程中，未必有明确的分段、截然的终点，有些事物需要一生来期待和创造。不知来日的我在顾盼回望时如何定义今天我的酝酿？

当我回想我的十五、十六和十七岁，希望能觅到几个关键词来概括，紧紧交织其中的几缕金线是成长、新知、友生、欢喜、自由和焦虑，还有一个更重要的词——深中。

我发觉一个人的命运和一所学校的命运是如此紧密地联结在了一起。

深中，不只是一个地点，一幢建筑，它还是你命运的一部分，我们歌唱则凤凰花亦为之鲜妍，我们哭泣则西校的天空也布上了冷雨凄风。深中，我们已深陷她的命运中。

从3班、2班到18班，三年皆是满满的回忆。但我不愿赘笔岁月的点点滴滴（我写了许多），就让它们在某个不经意的瞬间浮现，让身处异国他乡的我在往昔的美好中生活那么一瞬间，以寄慰我对你们的感激和思念，我的朋友们。

你们也知晓这颗心是多么喜欢你们和你们的陪伴，纵使我缄唇沉默，是的，你们应当是清清楚楚的。

我们曾在井冈山一并沉醉在溪口畔的野草花中，"虚度"精致美妙的午后，直到满天星光，我们一同分享了阅读一本书的思悟体验，在戏剧节里、在绿茵场上深深感受到整个班级凝聚起来的力量、掌声和欢笑，我们在西校的日子里相互鼓励、共同奋斗，呼唤巨人也渴望自己成为巨人，感受个人的命运和学校荣誉一致的心跳。

我们用每个人的绚烂多姿装点了彼此的青春，又用这火热的青春装点了我们明日的梦。雅典人说"公民即城邦"，我们不也生活在深中的共同体之中么？我们，即是深中。

多谢在深中求牖新知的朝朝暮暮，亦多谢一路相伴、彼此提携的同学和师长。记得何飞老师在高一的鼓励、包容和引导，让我们自由发展自己，探求语文兴趣，并学而为人。记得他在一个夜晚打电话忽然和我认真地探讨仲殊的虞美人中阙的字应该补什么，一番石破天惊的议论让我又惊又喜。还记得他电话里语带沧桑地和我谈论生活的流向，它的丰饶和贫瘠以及给予我的勉励之语。

还有和我喜爱的王羲烈老师聊着诗歌，听他讲先秦诸子，带着大江茫茫去不还的豪情，亦儒正亦逍遥，记得他对我最为印象深刻的棒喝。还有吴汇文老师历史课上有趣而循循善诱的教导，幽默与揶揄下又带着深沉的智慧，让我们去思考、去探索历史，犹记得他可爱的啤酒肚。还有在我的岁月里闪光的人们，亲爱的佘登映老师，大黄，徐丽琼老师，贺贺，Rosy……

还有高三最难忘的老师们，做你们的学生真是三生有幸。

你们渊博的学识和大度宽容的涵养让我仰止叹止，你们传授于我的知识观点、学术的和思考的方法，以及其中体现的人格情操，深深影响着我，令我受益终身（还有更重要的，可惜我词不达意，难以言中其一）。

博我以文，约我以礼，大抵如是。学而为人，大抵如是。

记得面对夜霁操场上闪闪发光的浩然雨水和朋友怀着新鲜的愉悦感受着经历哲学讨论后发生的奇妙变化，记得依佩和我谈论王尔德、纳喀索斯时的俏皮神情和同她一样俏皮亮丽的观点，记得并感谢那些和我异质的人带来的异质的见解对我的启迪，记得深中带给我参加北大夏令营的机会和学姐的帮助，记得博雅书店深浓的夜色和伫立在远方的北大哲学门的激励……"在不倦的探索的路上，永远会有同伴，永远不会寂寞"。

当然，再好的光阴也会有不完美的地方，我啜饮它的甘美，也接受它的不完美，为这样一段绽放过的年华，亦消得人憔悴。

我的十七岁仿佛兰波的十七岁，怡然自适的平静喜乐被躁动不安、焦灼求索的状态代替。这种"汩余若将不及兮，恐年岁之不吾与"的焦虑和对未来的不确定感始终在我的意识深处。

十七岁的我，在光阴和知识面前总有些"着急"。同兰波一样的狂飙突进，也同兰波一样的经历焦虑感的折磨，直到高考之后，或许直到现在我写下这些文字。不知道他日我再次读到这段文字，重温这段岁月，是否心中能对它有一个满意的回答，是否能同自己和解，隔着光阴看它，现在我眼中的蚊子血是否会成为别样的朱砂痣？

我忽然欣羡十五岁的我有这种甘于"酝酿"的心境。而现在，我将对自己说，治学需要经年累月的积淀，容不得半分急躁，静下心来吧，多一些稳健与从容。

在想要分享给诸位的话中，我觉得当你不乏动力和行动力时，"培养定力与能力"是最应当做的。

对于深中，千言万语焉能尽？应该是"一片深情君自知"吧！我唯想借用一首歌说，我最爱的歌最后总算唱过，何用再得到更多？或用维特根斯坦的话表陈心迹——Tell them, I had led a happy life. And I will live a happy life.

深中学子 | 陈丽如

凤凰开落，枝叶长青

陈丽如，被上海财经大学录取。
《涅槃周刊》专题版块责编，热衷观察生活，崇尚深入思考，立志做一个有故事的人。

> 凤凰花开落，学子人去来。光阴荏苒，人事变迁，而深中走过七十年岁月，兀自同凤凰树上伸展的枝叶一般，岁岁长青。
>
> ——题记

"深中校树凤凰木"，这是自招时我拿到的对联上联。其时我尚在宝安实验学校就读，不假思索，信笔挥毫，在下联处落笔"实验学子陈丽如"。见前后押韵，对仗工整，自得其乐——依稀记得这是我与凤凰树以及深圳中学最初的缘分。三个月后，我如期而来，并选择了实验体系，印证了"实验学子"的对联。

八月下旬是军训的日子，依稀记得那一天骄阳似火，入学时，新生的青涩刻在脸上。我随人流颇为笨拙地"负箧曳屣"，在深中街18号上，沿着学校栅栏张贴的龙虎榜走。榜上是陌生的"学祖宗"的名字，他们不久前离开，从晒布走向世界。"有一天我也将成为他们"，这样的念头在脑海里闪过，又转瞬即逝。毕竟一切都是新的开始——三年很短，三年很长，三年可以发生许多事，三年可以改变一个人。正如这里的一句名言：深中的生活太精彩，以至于怎么过都是浪费。

由学长团一路指引，我们按部就班地留宿居住，融入班级，熟悉这里的建筑、生活和精神，被这里开放自主的氛围所吸引，逐渐成为名副其实的深中人。

这里给我的第一印象是自主和开放，军训期间很难见到老师的影子，几乎所有日常事务和娱乐活动都由学长学姐们一手操办。他们的热情奔放、自信阳光便是深中给我打出的第一张名片。在这里，我们不必循规蹈矩、墨守成规，可以天马行空，自由自主任我行；在这里，我们可以遇见一群性格爱好特长各异，却同样有才华、有思想、志同道合的小伙伴们；在这里，单元制、走课制等制度以及和校长面对面、体育嘉年华等活动，亦是深中特色和几代"深中人"的共同回忆。

关于自由民主的思考，是不少"深中人"在这里必将经历的命题。那时候，"深中人"为拒绝砍树建设而在树下静坐，为争取权益而张贴海报。回忆高一时懵懂青涩，我加入《涅槃周刊》，听学长学姐们大谈民主自由，批判现状，针砭时弊，对当时身边人的公民意识大为惊叹，逐渐提笔加入对周边事物的审察、对新闻焦点的争论。B栋下的纪念晚会，我们奔走采访"深中人"对于B栋拆迁的意见；校长面对面上，我们针对校内问题展开追问和加强督促，期盼问题得到解决。

在这里印象最深的还是人情。至今犹记花开花落，人来人往，寒来暑往，秋收冬藏。凤凰木下每一场初见都是欢歌，每一场离别都是心曲，每一场约定都是执念，每一场重逢都是盛宴。

记得军训时候，凤凰木下和姑娘闰土谈天说地，高三日复一日在操场上一同奔跑，三年友谊跨越文理；三年舍友朱朱和宿舍长，相处时嬉笑打闹不分界线，一颦一笑心照不宣；国庆刷漆小分队在短短一天把教室漆成亮蓝，流出"黑照"一批；游园会"go fancy三人组"在元旦狠捞一笔，赚到人生"第一桶金"；和浩达高一同学、高二共事，高三在西校互帮互助咸鱼翻身；和有思想的妹子"diangdiang"在"涅槃"结识，三年谈笑风生彼此理解；和蓉儿两年纠葛耳鬓厮磨，高三各自为梦想拼搏最终继续纠缠……更有一群敬爱的师长，高一、高二给我一双展望世界和未来的眼睛，高三陪我们一同奋斗、一同进步，越过龙门。如此种种，说不完道不尽。毕业之际，心中的是感慨、感动，更是感激。

三年来，不少事物在改变，不少学子在离开。曾看过一篇名为《不必知道鲍勃·迪伦是谁》的文章，对其中一句话感触颇深：时代总是在更迭，但是周期越来越短，可以是几天，甚至几个小时。

总有一群人能代表一个时代，或者说一个时代造就一群人，然后难免被后浪推前浪的另一个时代覆盖，最终难免褪色。这时候的建筑、商店或者其他风景就变成那个时代的物证，譬如当年拆掉的公共自习室和B栋。深中，每一年都像是一个时代，有人退出这片土地又有人加入。

作为记忆载体的物，有时候还真的变得比人事快。有时候，我们会一个人捂着心口敝帚自珍一样地铭记那些事情，或者一群人不时开个Party缅怀分享记忆。时间的光圈终究会越来越小的，最后打在以我们自己为中心的一小撮人身上，我们的小时代未必能被永远记住，我们产生的思想、做出的努力、获得的成就未必能够永远被篆刻在校史上，被学弟学妹们口耳相传，就像我不知道现在有多少人会自发回忆起鲍勃·迪伦。总之，作为"涅槃"专题板块最后一任责编，我见证了"涅槃"的落幕；同时，作为一个刚刚毕业

的"学祖宗",正在第一次以"校友"之名给深中投稿,我也明白新的时代已翻开序章。无论如何,我都十分感谢深中给我这个时代,给我机会让我谱写和见证一段属于我们自己的光辉岁月。而你,现在翻开书页的深中学子,我的学弟或是学妹,你的时代才刚刚开始——至少还未落幕。

正如一位比我高两届的"学爷爷"所言,现在的你们是曾经的我,现在的我是未来的你们。三年时光转瞬即逝,虽然我们或许不会谋面,但是都曾生活于这片土地,在凤凰木下有着共同记忆。愿你们且行且珍惜,坚守理想,勿忘初心;也愿母校欣欣向荣,如凤凰木般长屹不倒。

深中学子 | 邱嘉琳

致我大深中的一封"家书"

邱嘉琳，被深圳大学录取。
喜欢创新设计和策划活动。

亲爱的深中：

你好！

当你看到这封信时，我们已经分别了。不过不要紧，暗号我有好好记着——"2017，绝尘一骑"。我随时都会回去看你的哦！嗯——首先我得跟你说声："七十岁生日快乐！"

回顾与你共度的点滴时光，并没有动漫里的"高中"那么美好，甚至有过一段段的黑暗时期。无论是网络上描绘的你，还是人们口耳相传的你，抑或是排行榜上名列前茅的你，在我看来都不是完整的你。一千个人眼里有一千个深中，但很多时候，只有"深中人"才真正懂你。

我印象里的你并不是一个棱角分明的家伙，而是一个模糊的影子。三年一点点下来，这个影子越来越丰满，而我却"沉迷学习日渐消瘦"。

高一"转瞬即逝"，短到我已经回忆不起完整的细节，只有片段可以寻味。高二就是"承上启下"，之所以用这么官方的词，是因为我的高二并没有太多的情感波动，可以说是一帆风顺，也是最舒服的一年。高三，许多人眼中的"炼狱"，并没有传说中那么可怕，感觉就像一潭静水，不去瞎搅和就能安然应战高考。

★ 学习

作为"深中人"，让我们先愉快地聊下学习。

高一的我们，年少轻狂，活力四射，总喜欢把学习叫作"学术"，并衍生出一系列"学霸""学渣"……就好像当时三班众所周知的"浮夸风"，每次有人回答出高难度的问题，或者考试考了超高分时，周围总有一片起哄——"喔～～""学霸～～"。

曾有安静的妹子跟我吐槽过这种"浮躁"，但是一棍子打死又总觉得有点冤——谁在乎呢？浮躁可以被时光沉淀。

我的高一，在学习方面并没有一个良好的开端，这也一直是我有些后悔的地方。

多半是因为我"懒癌"晚期，加上在理科方面脑子不太好使，总之成绩一直浮在班级的中游。

其实那时候的学习方法也有问题——我没有勤问的习惯。因为在深中，老师上课的节奏比较快，对于我来说有些难以接受，但是我又不问，久而久之，疑问堆积如山。

良好的开端真的是成功的一半，有问题一定要及时解决！

好在我回头不晚，高二还算有所长进。根据高一的期末成绩，我随随便便就选了个文科，以至于后来每次回忆起来，都想为这个歪打正着的决定拍手叫好。

随着我对文科的深入学习，对文科的兴趣日渐浓厚。高二开始努力学习，每天背书好像成为一种乐趣。高二成绩变得可观，我觉得很大一个原因是对学习的热爱，不过高三随着漫天飞舞的试卷飘来，这种热爱好像并没有那么强烈了。

高二学习吃的是"青春饭"，靠着过目不忘的记忆力，一节晚自习背完一本政治书。不过因为熬夜的原因，加上我又"老"了一岁，高三的时候已经丧失这种"技能"了。

如果说高二的学习靠脑，那么可以说高三的学习更多的时候靠的是心。就像汪健老师说的要"悟"，罗志文老师说的要"用心"，王成启老师说的要"产生思维的碰撞"……在我看来，学文科很多时候真的关乎情商，知识点和套路是基础，逻辑才是关键，至于"万金油"，大概是"锦"上添的"花"。

学习不是万能的，但不学习是万万不能的。而且我觉得高中的通识教育，在所学有限的知识之外更为重要的东西却是——学习的能力。

正如一个大我十三岁的朋友所说："你现在掌握的学习能力才是最重要的，能让你将来在社会上无论做什么都得心应手。"

★ 社团

社团，对于大部分的高一学生来说都是不可抵挡的"诱惑"！当然也有少数"沉迷学习无法自拔"的同学一个社团也没参加。

记得我高一时一口气报了五六个社团，不过后来退的退了，散的散了……在深中，一般大家都有"高一搞社团，高二减社团，高三退社团"的"共识"（国际体系和极少"大佬们"除外）。我到高二时好像就留下"钥匙木"和"朋辈"社团，因为都是闲职，所以留了两个。

高一时对社团一无所知的我在足球队学姐的怂恿下加入了朋辈杂志部（宣传部），从此开始了我在"朋辈"的打杂生涯。

杂志部是个不可或缺的龙套部门，顾名思义，杂志、海报制作基本由我们承包。因为人少，技术不专业，大梁好像都是学姐挑。

印象最深的就是周末开着Photoshop和邮箱，制作—上交—学姐批评—修改—再上交，反反复复地审，邮件两端的人都很心累。

然而最终的海报上没有任何自己的成果才是最心累的，感觉小心脏受到了伤害，然后又马上咬咬牙心里暗自说下次要做得更好。

不过开心的事情也很多，比如生命教育周。"朋辈"作为主办方，福利自然是有的，而且策划人员总是或多或少地能有些额外收获。

高一的时候，我紧抱学姐的大腿毅然决然地加入了电影组，成为龙套组的一只龙套。不过因为我喜欢看电影，所以放学后偶尔去凑个人数，边吃小零食边看电影也不觉得亏。还有参加井冈山支教，在禾市中学开展活动……

★ 梦想

许多人对这个词并没有什么激情澎湃的感觉，我也是。曾经的我浑浑噩噩地随性而为，借着"船到桥头自然直"的精神胜利法，走一步算一步。总之，是一条不折不扣的"咸鱼"。

有点遗憾但又值得庆幸的是，高三时，在身边"学霸"们的影响下，"梦想"在我心里的轮廓终于逐渐明晰。遗憾的是，到了高中的尾声才意识到梦想的重要；庆幸的是，高中，对于人生，只是一个起点。

"梦想"又不能吃，究竟有什么用？

不如具象化点来说，在我看来，梦想这玩意儿可以两用。

第一，当靶子。梦想是前进的方向。"生活就像海洋，只有意志坚强的人才能到达彼岸。"但是一个没有理想的人，是没有"彼岸"的。即使意志再坚强，也终究只能在茫茫大海上，无岸可靠，四处漂泊。

家是避风港，但人不能一辈子停留在避风港里。深中是我们的避风港，更是我们的加油站，三年的养精蓄锐，终是为了三年后的展翅翱翔。我们最终还是要离开，离开避风港，找到自己的"彼岸"。

当我们有一个理想，所有的计划、所有的努力、所有的失败都不再是白费的了，"当你勇敢地去追梦的时候，全世界都会来帮你"。

第二，当锥子。梦想是前行的动力。累了困了怎么办？头悬梁锥刺股。且慢！并不是要真的拿锥子啊……梦想就是最好的锥子，"在每次想起时，都能让人热血沸腾"。有句歌词说得好："我的梦想／在每个醒来的早晨敲打我的心房／告诉自己成功的道路／还很漫长。"不外如此。

别怕树立理想后达不到期望，重要的不是结果，而是追梦的过程。

鸡汤灌到这里就告一段落了。高考时回到久别的东校，透过窗户看到一栋陌生的新楼，愣是恍了恍神。

三年时间，说长不长，说短不短。亲爱的深中，我变了，你也变了，整个世界都变了，这样看来，我们之间又好像是相对静止的，所以有些东西永远也不会变。

最后，希望我们都有明亮的未来！

图书在版编目（CIP）数据

走进著名大学：深圳中学学子成长足迹. 2017 / 朱华伟主编；深圳中学组编. -- 北京：中国人民大学出版社，2024.6

ISBN 978-7-300-32387-9

Ⅰ.①走… Ⅱ.①朱… ②深… Ⅲ.①中学生-学生生活-文集　Ⅳ.①G635.5-53

中国国家版本馆CIP数据核字（2023）第240950号

走进著名大学：深圳中学学子成长足迹（2017）
主编　朱华伟
组编　深圳中学
Zoujin Zhuming Daxue: Shenzhen Zhongxue Xuezi Chengzhang Zuji（2017）

出版发行	中国人民大学出版社			
社　　址	北京中关村大街31号		邮政编码	100080
电　　话	010-62511242（总编室）		010-62511770（质管部）	
	010-82501766（邮购部）		010-62514148（门市部）	
	010-62515195（发行公司）		010-62515275（盗版举报）	
网　　址	http://www.crup.com.cn			
经　　销	新华书店			
印　　刷	北京瑞禾彩色印刷有限公司			
开　　本	787mm×1092mm　1/16		版　次	2024年6月第1版
印　　张	17.5		印　次	2024年6月第1次印刷
字　　数	270 000		定　价	68.00元

版权所有　　侵权必究　　印装差错　　负责调换